기술직공무원 전공모의고사

합격해

vol.1

공중보건

최종모의고사 ⑩

기술직공무원 전공모의고사

합격해
vol.1
공중보건
최종모의고사 ❿

2판 1쇄 2024년 5월 10일

편저자_ 안진아
발행인_ 원석주
발행처_ 하이앤북
주소_ 서울시 영등포구 영등포로 347 한독타워 11층
고객센터_ 1588-6671
팩스_ 02-841-6897
출판등록_ 2018년 4월 30일 제2018-000066호
홈페이지_ gosi.daebanggosi.com

ISBN_ 979-11-6533-477-2

정가_ 11,000원

기술직 공무원 시험을 준비하는 분들의 고민들 중 하나가 바로 제대로 된 문제집을 선택하는 것입니다. 수험생 여러분의 이러한 고충을 지켜보면서 적중률에 완벽을 기하면서도 핵심적인 내용으로 구성된 문제집을 만들고자 부단히 노력하였습니다.

본교재의 특징은 다음과 같습니다.

1. 출제경향을 반영한 기출동형 모의고사

출제빈도가 높았던 영역과 앞으로 출제 가능성이 높은 부분을 중심으로, 기출의 유형을 최대한 반영한 문제들로 구성하여 스스로 모의시험을 치를 수 있도록 연구하였습니다. 또한 권말의 OMR 답안지를 활용하여 최대한 실제 시험과 같은 환경에서 문제를 풀어보기를 권합니다.

2. 충분한 문제풀이 연습

총 10회의 모의고사를 실어 충분한 문제풀이 연습을 할 수 있도록 하였습니다. 이 책은 시험을 목전에 둔 수험생들에게는 그동안 공부한 내용을 마무리 지을 수 있는 마침표가 될 것입니다. 또한 새로 공부를 시작하는 수험생들에게도 시험의 경향을 파악하고 본인의 실력을 가늠해 볼 수 있는 좋은 길잡이가 될 것입니다.

3. 이해 중심의 확실한 해설

문제 해결 방법을 익힐 수 있도록 이해 중심의 확실한 해설을 수록하였습니다. 틀리지 않은 문제일지라도 해설을 확인한 후 자신이 생각했던 것과 풀이한 내용이 일치하는지 확인하여야 하고, 틀린 문제의 경우 바로 해설을 확인하지 말고 스스로 정답을 다시 찾아본 후 해설을 확인하여 이후에 유사한 문제를 접했을 때 충분히 대비할 수 있도록 해야 합니다.

본 문제집은 인생의 터닝 포인트에 서 있는 여러분의 간절함과 긴박함을 돕고 싶은 마음의 표현이기도 합니다. 무엇보다 뜨거운 열정으로 합격이라는 도착점에 도달할 때까지 길고 긴 여정을 묵묵히 걸어가는 수험생 여러분들께 진심 어린 격려의 박수를 아낌없이 보내 드리며, 건승하시길 진심으로 바랍니다.

'전공모의고사 합격해' 저자 일동

Point 1

출제경향을 반영한 기출동형 모의고사!

과년도 출제경향을 꼼꼼히 분석하여
기출동형으로 구성한 모의고사 문제집입니다.
출제가능성이 높고 핵심적인 문제들로
구성하였습니다.

Point 2

이해중심의 확실한 해설!

이해 중심의 확실한 해설로
문제 해결 방법과 전략을 익힐 수 있고
틀린 문제의 원인을 확실하게 파악하고
넘어갈 수 있도록 집필하였습니다.

Point 3

답안지 작성 연습까지 완벽하게!

공무원 시험은 시간 배분이 중요합니다.
권말에 수록한 OMR 답안지를 활용하여
실전과 같은 시험시간 안에
답안지 작성 연습까지 진행하세요.

Contents
차례

OMR 답안지

제1회 최종모의고사

응시번호 _____ 성명 _____ 점수 _____점

01. 우리나라를 대표하는 건강조사로서 국민의 건강 및 영양상태에 대한 통계를 생산하여 국민건강증진종합계획의 목표 지표의 평가에 활용되며, WHO와 OECD 등 국제기구에 조사결과를 제공하는 것은?

    ① 지역사회건강조사
    ② 국민건강영양조사
    ③ 인구등록통계조사
    ④ 국민건강보험자료

02. 다음 중 인과관계 판단 기준에 대한 설명으로 옳은 것은?

    ① 요인에 대한 노출은 노출과 질병발생의 기간과 상관없이 노출이 질병발생에 앞서면 성립된다.
    ② 연관성의 강도가 크면 인과관계를 결정지을 수 있다.
    ③ 요인과 결과 간의 연관성이 관찰대상 집단과 연구방법, 연구시점이 다름에도 비슷하게 관찰되면 연관성의 일관성이 있다.
    ④ 요인에 대한 노출의 정도가 커지거나 작아질 때, 질병 발생 위험도가 이에 따라서 더 커지거나 작아지는 경우 연관성의 강도가 커진다.

03. 직업병의 일반적인 특징에 대한 설명으로 옳지 않은 것은?

    ① 열악한 작업환경에 단기간 노출된 후 발생한다.
    ② 인체에 대한 영향이 확인되지 않은 신물질이 많다.
    ③ 임상적 또는 병리적 소견이 일반 질병과 구분하기 어렵다.
    ④ 많은 직업성 요인이 비직업성 요인에 상승작용을 일으킨다.

04. 다음 중 집단검진의 장점으로 보기 어려운 것은?

    ① 비교적 간단한 치료방법만으로도 치료가 가능하다.
    ② 의양성인 자에 대한 추가적 진단이 실시된다.
    ③ 의료비용을 감소시킬 수 있다.
    ④ 예후가 좋다.

05. Leavell & Clark의 질병 예방 중 2차예방에 해당하는 것은?

    ① 금연을 위한 교육
    ② 뇌졸중 환자의 재활
    ③ 결핵 집단검진
    ④ 저염식 제공

06. 알마아타 선언 이후 우리나라에 적용되고 있는 일차보건의료에 대한 내용으로 옳은 것은?

    ① 1985년 농어촌 등 보건의료를 위한 특별조치법을 제정하였다.
    ② 보건의료취약지역에 보건의료원을 설치하였다.
    ③ 우리나라의 일차보건의료의 핵심적인 역할은 대부분 민간의원이 담당하고 있다.
    ④ 일차보건의료를 민간의료부문의 보충적 역할로서 도입하였다.

07. 우리나라의 국민건강험제도에서 피보험자의 도덕적 해이를 방지하기 위해 적용하고 있는 본인일부부담제도로서 보험자가 의료비의 일정 비율만을 지불하고 본인이 나머지 부분을 부담하는 방식은 무엇인가?

① 일정액공제제
② 정률부담제
③ 급여상한제
④ 정액부담제

08. 학교의 환경위생 상태가 기준에 맞지 않는 경우는?

① 여름철 실내 온도: 20℃
② 습도: 70%
③ 1인당 환기량: 시간당 22.1m³
④ 조도: 350Lux

09. 파리기후변화협약에 대한 설명으로 옳지 않은 것은?

① 2015년 21차 유엔 기후변화협약에서 채택되었다.
② 기후변화 대응을 위해 선진국과 개도국 모두 참여한다.
③ 개도국을 제외한 선진국만 자발적 온실가스 감축목표(NDC)를 제출하고 이행하기로 합의하였다.
④ 기여방안을 의무 제출하되, 이행은 제재조치 없이 각 국이 자체 노력한다.

10. A감염병의 기초감염재생산수가 15인 경우 이 감염병이 지역사회에 유행하지 않을 수 있는 집단면역의 수준은?

① 73.4%   ② 82.5%
③ 88.6%   ④ 93.3%

11. 법정감염병에 대한 설명으로 옳지 않은 것은?

① 제1급감염병은 생물테러감염병 또는 치명률이 높거나 집단감염 발생의 우려가 큰 감염병이다.
② 제2급감염병은 발생 또는 유행 즉시 신고하여야 한다.
③ 제1급감염병은 음압격리와 같은 높은 수준의 격리가 필요한 감염병이다.
④ 제3급감염병은 발생 또는 유행 시 24시간 이내에 신고하여야 한다.

12. 다음 중 역사적인 환경오염사건과 주요 원인의 연결이 옳지 않은 것은?

① 러브커낼 사건 – PCB
② 포자리카 사건 – 황화수소가스
③ 보팔사건 – MIC
④ 런던스모그 – O_3

13. 식중독의 원인물질 연결이 옳지 않은 것은?

① 조개 – saxitoxin
② 독미나리 – muscarine
③ 복어 – tetrodotoxin
④ 맥각균 – ergotoxin

14. 모성보건사업의 주요 내용에 대한 설명으로 옳지 않은 것은?

① 산전관리는 사산율, 주산기 사망률, 영아사망률 등을 감소시키는 데 크게 기여한다.
② 임신 7개월까지는 4주마다 1회 건강검진을 실시한다.
③ 미숙아는 분만의료기관 퇴원 후 1차 건강진단 시 건강문제가 있는 경우 최소 1주에 2회 건강진단을 실시한다.
④ 영아는 1개월마다 1회 건강진단을 실시한다.

15. 인간의 건강행동 변화를 설명하는 사회인지이론에 대한 설명으로 옳지 않은 것은?

① 사람의 건강행태는 개인적 특성, 행동, 환경 간의 지속적인 반응의 결과로 나타난다는 이론이다.
② 행동은 단순히 환경과 사람에 의한 결과가 아니고, 환경 역시 단순히 사람이나 행동의 결과가 아니며 세 요소가 지속적으로 역동적인 작용을 한다는 것이다.
③ 행동역량은 바람직한 행동을 유지 혹은 더욱 잘하도록 하는 것이다.
④ 환경은 사람의 외부에 물리적으로 존재하여 행동에 영향을 줄 수 있는 사회적 환경이나 물리적 요소를 말한다.

16. 인간의 발달단계 중 다음의 내용은 어느 시기에 해당하는가?

- 욕구불만을 스스로 해결할 수 없는 시기이기 때문에 생리적 욕구나 신체적 활동의 제한 등을 사전에 제거해 주는 노력이 필요하다.
- 모친의 영향을 많이 받는 시기이다.

① 영유아기　　　　② 학령기
③ 청년기　　　　　④ 노년기

17. 의료서비스의 질 관리 과정은 구조, 과정, 결과적 접근으로 구분할 수 있다. 다음 중 구조적 접근에 해당하는 것은?

| 가. 신임제도 | 나. 면허제도 |
| 다. 이용도 조사 | 라. 의료감사 |

① 가, 나　　　　② 나, 다
③ 다, 라　　　　④ 가, 라

18. 「먹는물 수질기준」으로 옳지 않은 것은?

① 녹농균, 살모넬라, 쉬겔라는 250ml에서 검출되지 아니할 것
② 카드뮴은 0.005mg/L를 넘지 아니할 것
③ 벤젠은 0.005mg/L를 넘지 아니할 것
④ 잔류염소는 4.0mg/L를 넘지 아니할 것

19. 상수의 처리과정 중 여과법에 대한 설명으로 옳은 것은?

① 완속사여과법은 약품침전법을 적용한다.
② 급속사여과법의 생물막 제거법은 사면대치이다.
③ 완속사여과법은 건설비가 많이 든다.
④ 급속사여과법의 세균제거율은 98~99%이다.

20. 보건통계 자료의 특성이 간격척도에 해당하는 것은?

① 성별　　　　② 체온
③ 종교　　　　④ 나이

제2회 최종모의고사

응시번호 _____ 성명 _____ 점수 _____ 점

01. 다음 중 보건지표에 대한 설명으로 옳은 것은?

① 치명률은 감수성자 중에서 질병으로 인한 사망자의 비율이다.
② 생명표는 출생자수와 사망자수의 비율과 생존할 수 있는 수명이 어떻게 되는가를 표시하는 것이다.
③ 비례사망률은 조사망률에 따른 영향이 크지 않기 때문에 특정원인의 사망위험을 비교하는 목적으로 사용할 수 있다.
④ 율의 표준화는 서로 다른 집단의 보건지표를 비교할 때 역학적 특성이 다른 것을 보정하는 것이다.

02. 바람직한 의료의 구성 요소 중 다음의 설명에 해당하는 것은?

> 제공하려는 보건의료서비스가 다른 대책들보다 더 좋은 결과를 낼 것인지 객관적인 근거를 바탕으로 서비스를 제공하여야 한다.

① 효과성
② 적절성
③ 효율성
④ 적합성

03. 2002년부터 2003년까지 유행한 중증급성호흡기증후군(SARS)에 대한 설명으로 옳지 않은 것은?

① 전염력이 높은 중증의 새로운 감염병으로 21세기 들어서 공식적으로 기록된 첫 신종감염병이다.
② 임상적으로 급작스런 고열(38℃)과 호흡기질환 소견이 주 증상이며 설사와 같은 소화기 증상도 많다.
③ 환자는 발견 즉시 입원격리시키고 보건소에 신고하여야 한다.
④ 잠복기는 평균 2~3일이며 최대잠복기는 5일이다.

04. 상수의 수원에 대한 설명으로 옳은 것은?

① 지표수는 경도가 높고 연중 수온이 거의 일정하다.
② 천수는 매진, 분진, 세균량이 많다.
③ 지하수는 유기물, 미생물이 많고 탁도는 높으나 경도가 낮다.
④ 복류수는 하천 저부에서 취수하는 방법으로, 지표수보다는 탁도가 높다.

05. 일상생활 환경에서 전리 방사선의 발생원으로 가장 많은 부분을 차지하는 것은?

① 원자력발전소
② 전자제품
③ 자연조사
④ 의료용 조사

06. 다음 중 HACCP의 7원칙에 해당하지 않는 것은?

① 위해요소분석
② 우수제조기준
③ 중요관리점 설정
④ 개선조치

07. 세계보건기구 임신 기간에 따른 분만의 분류에서 정상기간 출생아에 해당하는 기간은?

① 36주 이상 40주 미만 출생아
② 37주 이상 40주 미만 출생아
③ 37주 이상 42주 미만 출생아
④ 36주 이상 42주 미만 출생아

08. 보건교육을 실시한 후 올바른 평가를 위해 평가도구가 갖추어야 할 조건으로 평가도구가 평가하고자 하는 내용을 얼마나 오차없이 측정하는가의 정도를 의미하는 것은?

① 타당도
② 객관도
③ 신뢰도
④ 실용성

09. 다음 중 사회서비스에 대한 설명으로 옳지 않은 것은?

① 사회서비스는 소득수준을 고려하여 서비스를 지원한다.
② 국가나 지방자치단체에서 직접 서비스를 제공한다.
③ 사회서비스는 대상자에 따라 지원 정도의 차이가 있다.
④ 사회서비스는 상담, 재활, 지도 등과 같은 비물질적, 사회·심리적, 정신적 서비스의 급여를 제공한다.

10. 산업재해 지표 중 산업재해 발생 상황을 총괄적으로 파악하는 데 도움을 주는 지표는 무엇인가?

① 도수율
② 강도율
③ 빈도율
④ 건수율

11. 지역사회주민의 당뇨병 조절율을 파악하기 위하여 지역주민 10,000명의 성별 분포와 사회경제적 수준 분포를 반영하여 그 비율대로 1,000의 표본을 추출하고자 한다면 이에 해당하는 표본추출방법은 무엇인가?

① 계통표본추출
② 단순무작위추출
③ 집락추출
④ 비례층화추출

12. 공중보건학의 역사적 인물과 업적의 연결이 옳지 않은 것은?

① 존 그랜트(John Graunt) – 인구통태 등록제 확립
② 시드넘(Sydenham) – 유행병 발생의 자연사 기록
③ 린드(Lind) – 괴혈병 원인 규명
④ 프랭크(J. P. Frank) – 최초의 공중보건학 저서 발표

13. 다음 중 「감염병의 예방 및 관리에 관한 법률」에 따른 법정감염병중 1급 − 2급 − 3급 − 4급에 해당하는 감염병을 순서대로 바르게 나열한 것은?

① 에볼라바이러스병 − 두창 − 탄저 − 디프테리아
② 페스트 − 성홍열 − 파상풍 − 인플루엔자
③ 야토병 − 큐열 − 뎅기열 − 매독
④ 웨스트나일열 − 결핵 − 일본뇌염 − 임질

14. 보건복지부에서 발표한 암 예방을 건강한 생활실천규칙으로 옳지 않은 것은?

① 담배를 피우지 말고, 남이 피우는 담배연기도 피하자
② 음식을 짜지 않게 먹고, 탄 음식을 먹지 않기
③ 암 예방을 위하여 과음하지 않기
④ 예방접종 지침에 따라 B형간염과 자궁경부암 예방접종 받기

15. 하수의 생물학적 처리 방법 중 활성오니법과 살수여상법에 대한 설명으로 옳지 않은 것은?

① 활성오니법과 살수여상법은 모두 호기성처리방법이다.
② 활성오니법은 슬러지 발생량이 많다.
③ 살수여상법은 슬러지 벌킹이 발생한다.
④ 활성오니법은 온도의 영향을 많이 받고 살수여상법은 온도에 의한 영향을 적게 받는다.

16. 다음 중 검사도구의 신뢰도를 측정하기 위한 방법에 해당하는 것은?

① 예측도
② 민감도
③ 특이도
④ 일치율

17. 노인장기요양보험의 급여 중 재가급여에 해당하지 않는 것은?

① 방문요양
② 방문간호
③ 단기보호
④ 방문치료

18. 진료에 소요된 약제 또는 재료비를 별도로 산정하고 의료인이 제공한 진료행위의 하나 하나 마다 일정한 값을 정하여 의료비를 지급하는 제도에서 나타나는 현상으로 옳은 것은?

① 행정비용이 감소한다.
② 예방사업이 확대된다.
③ 의료인 수입의 평준화를 유도할 수 있다.
④ 의료인과 보험자간 갈등이 발생한다.

19. 다음 중 수용성비타민의 특성에 대한 설명으로 옳지 않은 것은?

① 결핍 증세가 서서히 나타난다.
② 소변을 통해 빠르게 방출된다.
③ 조리시 손실이 크다
④ 매일 필요량을 절대적으로 공급하여야 한다.

20. 대기오염물질 중 휘발성유기화합물에 대한 설명
    으로 옳지 않은 것은?

    ① 휘발성유기화합물은 벤젠, 클로로포름, 메탄올
       등 다양한 물질을 포함한다.
    ② 오존의 전구물질로서 문제가 되고 있으며 호흡
       기에 자극증상을 일으키지는 않는다.
    ③ 나무나 풀 같은 식물에서도 배출된다.
    ④ 유기용제를 다루는 과정이나 자동차 배기가스로
       배출된다.

제3회 최종모의고사

응시번호 _____ 성명 _____ 점수 _____점

01. 1차 보건의료는 1978년 구소련의 Alma–Ata에서 열린 국제회의에서 "Health for All"이라는 슬로건으로 새로운 건강관리 제도를 제시하며 알마아타 선언이 채택되었다. 알마아타선언의 내용으로 옳지 않은 것은?

① 1차 보건의료는 과학적 방법으로 보건의료인이 수용할 수 있어야 한다.
② 주민의 적극적인 참여 속에 개개인이나 가족 단위의 모든 주민이 쉽게 이용할 수 있어야 한다.
③ 국가나 지역사회가 재정적으로 부담이 가능한 방법이어야 한다.
④ 국가의 보건의료 체계상 핵심으로써 지역사회 개발정책의 일환으로 유지되어야 한다.

02. 다음 중 식품위생과 관련된 용어에 대한 설명으로 옳지 않은 것은?

① "식품"이란 의약으로 섭취하는 것을 포함한 모든 음식물을 말한다.
② "식품첨가물"이란 식품을 제조 · 가공 · 조리 또는 보존하는 과정에서 감미(甘味), 착색(着色), 표백(漂白) 또는 산화방지 등을 목적으로 식품에 사용되는 물질을 말하며, 기구(器具) · 용기 · 포장을 살균 · 소독하는 데에 사용되어 간접적으로 식품으로 옮아갈 수 있는 물질을 포함한다.
③ "위해"란 식품, 식품첨가물, 기구 또는 용기 · 포장에 존재하는 위험요소로서 인체의 건강을 해치거나 해칠 우려가 있는 것을 말한다.
④ "식품위생"이란 식품, 식품첨가물, 기구 또는 용기 · 포장을 대상으로 하는 음식에 관한 위생을 말한다.

03. 인구지수 중 노령화지수를 산출하는 공식으로 옳은 것은?

① (노년인구＋유년인구) / 생산층 인구×100
② 노년인구 / 유년인구×100
③ 노년인구 / 생산층 인구×100
④ 유년인구 / 노년인구×100

04. 사망률과 관련하여 표준화(standardization)에 대한 설명으로 옳은 것은?

① 간접법은 표준인구의 인구구성이 필요하다.
② 직접법은 대상집단의 특수사망률이 필요하다.
③ 집단별 인구수가 적어서 사망률이 안정되지 않으면 직접법을 사용한다.
④ 표준화사망비(SMR, standardized mortality ratio)는 직접법에서 사용되는 지표이다.

05. 다음 중 질병과 그 질병의 감염전파매개체의 연결이 옳은 것은?

① 렙토스피라증 – 진드기
② 파라티푸스 – 이
③ 사상충증 – 쥐벼룩
④ 황열 – 모기

06. 「학교보건법」에 의해 실시하는 응급처치교육에 대한 설명으로 옳지 않은 것은?

① 교육부장관은 유치원 및 초·중·고등학교에서 모든 학생들을 대상으로 심폐소생술 등 응급처치에 관한 교육을 포함한 보건교육을 체계적으로 실시하여야 한다.

② 보건교사는 교육부령으로 정하는 바에 따라 매년 교직원을 대상으로 심폐소생술 등 응급처치에 관한 교육을 실시하여야 한다.

③ 응급처치에 관한 교육과 연관된 프로그램의 운영 등을 관련 전문기관·단체 또는 전문가에게 위탁할 수 있다.

④ 학교의 장은 응급처치교육을 실시한 후 해당 학년도의 교육 결과를 다음 학년도가 시작되기 30일 전까지 교육감에게 제출하여야 한다.

07. 자외선(Ultrabiolet radiation, UV)에 대한 설명으로 옳지 않은 것은?

① 복사되어 전달되는 자외선의 양은 성층권의 오존층 파괴가 심해지면서 점점 더 많아지고 있으며 이는 지구 온난화의 원인이 되고 있다.

② 주파수에 따라 3가지 대역으로 나뉘는데 이중 UV－B를 Dorno선이라 한다.

③ Dorno선은 소독작용, 비타민 D 생성, 피부색소 반응 등 생물학적 활성을 나타내며 피부나 눈에 유해작용을 일으킬 수 있다.

④ 가시광선과 전리방사선 사이 200~400nm대의 파장을 가진다.

08. 고온작업장에서 중노동에 종사하는 미숙련공에게 많이 발생하는 건강문제로 말초혈관 운동신경의 조절장애와 심박출량 부족으로 인한 순환부전이 원인이 되는 열중증은 무엇인가?

① 열사병
② 열쇠약증
③ 열허탈
④ 열경련

09. 다음 중 정책의 공식적 참여자에 해당하지 않는 것은?

① 국회
② 의회
③ 정당
④ 사법부

10. 다음에 제시된 논의가 이루어진 건강증진 국제회의는?

- 건강과 건강 형평성 및 사회·경제개발 목표 달성을 위한 HiAP 접근의 중요성과 정부의 책임을 강조하였다.
- 건강과 건강 형평성을 향상시키기 위하여 모든 공공 정책에서 정책결정자들의 책무성을 높이고 관련 결정들이 건강에 미칠 수 있는 영향을 체계적으로 고려하고, 상승 작용을 위한 협력 방안을 찾으며 건강에 해로운 영향을 피하고자 하는 접근을 강조하였다.

① 오타화회의
② 멕시코시티 회의
③ 방콕회의
④ 헬싱키 회의

11. 다음은 공중보건의 역사에 대한 설명이다. 이에 해당하는 역사적 인물은?

> 1837년~1838년에 런던을 중심으로 크게 유행한 열병의 참상을 조사하여 'Fever Report'를 정부에 제출하였다. 그 건의가 직접적인 계기가 되어 실시된 개선대책을 위한 조사결과 보고인 '노동자 계층의 위생 상태에 관한 보고'를 계기로 영국은 1848년 세계에서 최초의 공중보건법(Public Health Act)을 제정하였다.

① 프랭크(J. P. Frank)
② 스노우(J. Snow)
③ 채드윅(E. Chadwick)
④ 페텐코퍼(M. Pettenkofer)

12. 실내공기오염물질에 대한 설명으로 옳지 않은 것은?

① 라돈은 자연적으로 존재하는 암석이나 토양에서 발생하는 자연방사능가스로써 실내주요 오염원으로는 건물지반이나 주변 토양, 광석, 상하수도 건물자재 등이 있다.
② 오존은 무색, 무미의 기체로서 냄새를 유발하며, 3개의 산소원자로 구성되어있다.
③ 포름알데히드는 국제암연구기구(IARC)에서 인체발암물질로 분류하고 있다.
④ 석면은 자극성 냄새를 갖는 무색 기체이며, 인화점이 낮아 폭발의 위험성을 가진다.

13. 세계보건기구가 국제공중보건의 비상사태에 대비하기 위하여 감시대상으로 정한 질환으로서 보건복지부장관이 고시하는 감염병에 해당하는 것은?

> 가. 폴리오
> 나. 신종인플루엔자
> 다. 콜레라
> 라. 탄저
> 마. 중동호흡기증후군(MERS)
> 바. 결핵

① 가, 나, 다
② 가, 나, 마
③ 나, 라, 바
④ 다, 라, 마

14. 다음 중 「먹는물 수질기준」에 대한 설명으로 옳은 것은?

① 여시니아균은 2L에서 검출되지 아니하여야 하며 먹는물 공동시설의 물의 경우에만 적용한다.
② 비소는 0.1mg/L를 넘지 아니하여야 한다.
③ 수소이온농도는 5.8 이상 8.6 이하이어야 한다.
④ 일반세균, 총대장균군, 대장균 또는 분원성 대장균, 잔류염소는 수도꼭지에서 매주 1회 이상 검사하여야 한다.

15. 음주와 간경화의 관련성을 분석하기 위하여 간경화 환자 200명과 연령 및 성을 맞추어 짝지은 건강인 200명의 과거 음주력을 조사하여 연구를 수행하였다. 이러한 연구의 특성으로 옳은 것은?

① 연구진행에 시간과 비용이 많이 소모된다.
② 연구에 필요한 정보가 과거 행위에 관한 것이므로 측정바이어스가 주로 발생할 수 있다.
③ 이 연구를 통해 구한 교차비의 경우 질병발생률이 10% 이하인 경우 비교위험도의 값과 거의 같기 때문에 교차비를 비교위험도처럼 해석할 수 있다.
④ 희귀질병에 대한 연구로는 적합하지 않다.

16. 매트릭스 조직구조의 특징으로 옳지 않은 것은?

① 대규모의 병원조직은 전형적인 매트릭스 조직구조형태이다.
② 수직적 통제권자와 수평적 통제권자가 이원화되어 있다.
③ 일상적이고 반복적인 업무를 좀 더 신속하고 효율적으로 추진하고자 할 때 유용하다.
④ 매트릭스 조직은 전통적인 조직 원리를 무시하게 된다.

17. 감염병 유행 및 원리에 대한 설명으로 옳지 않은 것은?

① 감염병의 유행을 이해하기 위해서는 감염재생산수와 기초감염재생산수의 개념이 필요하다.
② 기초감염재생산수는 모든 인구가 감수성이 있다고 가정할 때 감염성이 있는 환자가 감염 가능 기간 동안 직접 감염시키는 평균 인원 수이다.
③ 기초감염재생산수는 질병 고유의 것으로 질병마다 다르다.
④ 현실적으로 지역사회에는 질병에 대해서 면역을 가지고 있는 인구집단이 일부 존재하기 때문에 실제 감염재생산수는 기초감염재생산수보다 많아진다.

18. 산업장의 유해물질 관련 증상의 연결이 옳지 않은 것은?

① 비소 – 백혈병
② 카드뮴 – 정신질환
③ 크롬 – 피부병
④ 알루미늄 – 치매

19. 노인장기요양보험에 관한 설명으로 옳은 것은?

① 노인 등이 가족과 함께 생활하면서 장기요양을 받는 시설급여를 우선적으로 제공하여야 한다.
② 노인 등의 심신상태나 건강 등이 악화되지 아니하도록 의료서비스와 연계하여 이를 제공하여야 한다.
③ 장기요양급여는 3개월 이상 동안 혼자서 일상생활을 수행하기 어렵다고 인정되는 자에게 신체활동 · 가사 활동의 지원 또는 간병 등의 서비스나 이에 갈음하여 지급하는 현금등을 말한다.
④ 장기요양기관이란 시설장기요양기관으로서 장기요양급여를 제공하는 기관을 말한다.

20. 다음 중 질병관리청의 소속기관 및 하부조직에 해당하지 않는 것은?

① 국립보건연구원
② 질병대응센터
③ 국립검역소
④ 국립춘천병원

제4회 최종모의고사

응시번호 _____ 성명 _____   점수 _____ 점

01. 건강 및 질병에 대한 설명으로 옳은 것은?

　① 질병은 개인적, 사회 심리적 차원의 개념으로
　　환자의 개인적인 질병경험을 의미하는 것이다.
　② 질환은 생물학적 차원의 개념으로 생리학 혹은
　　생리학의 관점에서 생체내의 구조적, 기능적
　　변화가 의학적으로 정의될 수 있는 상태를 의
　　미한다.
　③ 건강에 대한 이해와 개념은 시대적 상황, 질병
　　의 양상, 과학철학 사조, 삶의 가치관 등의 변화
　　와 관계없이 정의되어오고 있다.
　④ 건강형평이란 모든 사람들이 자신의 건강 잠재
　　력을 완전하게 발휘할 수 있도록 공정한 기회를
　　가진다는 뜻을 지니고 있다.

02. 다음 중 Sivert를 단위로 사용하며 조직가중계수
　　를 반영하는 방사선량은?

　① 조사선량
　② 흡수선량
　③ 등가선량
　④ 유효선량

03. 어느 지역에서 총 인구는 100,000명, 출생아수는
　　100명, 총 사망수는 200명, 50세 이상 사망자수
　　는 150이다. 이때 구할 수 있는 지표는?

　① 영아사망률
　② 비례사망지수
　③ 비례사망률
　④ 특수사망률

04. 다음 중 가장 최근에 제정된 법령으로 옳은 것은?

　① 「지역보건법」
　② 「국민건강증진법」
　③ 「농어촌 등 보건의료를 위한 특별법」
　④ 「보건의료기본법」

05. 다음에서 설명하는 기생충 감염증은 무엇인가?

> • 우리나라에서 감염률이 높은 기생충이다.
> • 기생수가 10마리 미만으로 증상이 거의 나타
> 　나지 않기 때문에 등한시되고 있다.
> • 소장에서 부화되고 대장의 맹장, 결장에서 정
> 　착한다.

　① 회충증
　② 편충증
　③ 간흡충
　④ 동양모양선충

06. 「먹는물 수질기준 및 검사 등에 관한 규칙」상 먹는
　　물의 수질기준에 대한 설명으로 가장 옳은 것은?

　① 아황산환원혐기성포자형성균은 50mL에서 검출
　　되지 않아야 한다.
　② 쉬겔라는 300mL에서 검출되지 않아야 한다.
　③ 톨루엔은 5.0mg/L를 넘지 않아야 한다.
　④ 테트라클로로에틸렌은 0.3mg/L를 넘지 않아야
　　한다.

07. 다음에서 설명하는 물질은 무엇인가?

> - 휘발성이 매우 강한 용제이다.
> - 인조견, 셀로판, 수지와 고무 제품 등에 이용된다.
> - 중추신경계 장애, 말초신경병, 심장혈관계 장애를 일으킨다.

① 트리클로로에틸렌
② 노르말헥산
③ 시안화물
④ 이황화탄소

08. 영유아 보건관리의 내용으로 옳은 것은?

① 미숙아는 체중 2.5kg 미만이거나 37주 미만 출생아로 조산아 라고도 하며 체온관리, 영양관리, 호흡관리, 감염방지가 가장 중요한 4대관리이다.
② 미숙아의 건강진단은 분만의료기관 퇴원 후 7일이내에 1회 시행하고 1차 건강진단 시 문제가 없는 경우 최소 1주에 2회 실시한다.
③ 신생아는 1주일에 2회 건강진단을 실시한다.
④ 출생 후 1년 이내의 영아는 1개월마다 1회 건강진단을 실시하고 출생 후 1년 초과 5년 이내의 유아는 1년마다 1회 실시한다.

09. 다양한 노인보건 사업을 통해 알츠하이머 사망률을 최소화 할 수 있는 사업방법을 선택하기에 적절한 평가기법은 무엇인가?

① 비용최소화분석
② 비용－편익분석
③ 비용－효과분석
④ 비용－효용분석

10. 다음 중 합리적 행위론에 대한 설명으로 옳지 않은 것은?

① 피쉬바인(Fishbein) 의해 제시된 이론이다.
② 인간의 행동은 의지로 조절할 수 있으며, 합리적인 이유에 근거하여 결정된다고 본다.
③ 행동이란 그 행동을 수행하려는 의도에 영향을 받게 된다.
④ 의지적이지 않은 행동까지도 설명할 수 있는 이론이다.

11. 「폐기물관리법」에 규정된 의료폐기물에 대한 설명으로 옳지 않은 것은?

① 보건·의료기관, 동물병원, 시험·검사기관 등에서 배출되는 모든 폐기물은 의료폐기물에 해당한다.
② 인체 조직 등 적출물(摘出物), 실험 동물의 사체 등 보건·환경보호상 특별한 관리가 필요하다고 인정되는 폐기물이 해당된다.
③ 의료폐기물의 종류로는 격리의료폐기물, 위해의료폐기물, 일반의료폐기물이 있다.
④ 격리의료폐기물은 감염병으로부터 타인을 보호하기 위하여 격리된 사람에 대한 의료행위에서 발생한 일체의 폐기물 이다.

12. 「감염병의 예방 및 관리에 관한 법률」상 생물테러감염병이자 제1급 감염병이며 인수공통감염병에 해당하는 것은?

① 공수병
② 탄저병
③ 부르셀라증
④ 페스트

13. 「국민건강증진법」에 따라 시장·군수·구청장이 보건소장으로 하여금 하게 할 수 있는 건강증진사업에 해당하는 것은?

> ㄱ. 보건교육   ㄴ. 건강상담
> ㄷ. 구강건강의 관리   ㄹ. 정신건강의 관리

① ㄱ, ㄴ, ㄷ
② ㄱ, ㄷ, ㄹ
③ ㄴ, ㄷ, ㄹ
④ ㄱ, ㄴ, ㄷ, ㄹ

14. 학교보건사업에 대한 설명으로 옳은 것은?

① 건강검사는 신체의 발달상황, 신체의 능력, 건강조사, 정신건강 상태 검사 및 건강검진으로 구분한다.
② 신체의 발달상황, 신체의 능력, 건강조사 및 정신건강 상태 검사는 해당 학교의 보건교사가 실시한다.
③ 신체의 발달상황은 키와 몸무게, 심폐지구력, 유연성, 근력, 근지구력, 순발력을 측정한다.
④ 건강검사는 초등학교 3학년 및 6학년, 중·고등학교 3학년 학생에게 실시한다.

15. 단백질 결핍으로 발육부진, 빈혈, 지방간 초래등의 증상이 나타나는 질병은 무엇인가?

① 그레이브스(Graves)
② 크레티니즘(Cretinism)
③ 마라스무스(Marasmus)
④ 콰시오커(Kwashiorkor)

16. 다음의 설명에 해당하는 식중독에 대한 설명으로 옳지 않은 것은?

> • Shiga toxin을 생산하여 발병한다.
> • 출혈성 장염을 일으킨다.

① 독소형식중독에 해당한다.
② 주요 원인균은 장관출혈성대장균(EHEC)이다.
③ 오염된 우유로 유아가 감염되기 쉽다.
④ 평균 잠복기는 3~4일이다.

17. 상수의 처리과정에서 급속사여과법에 대한 설명으로 옳지 않은 것은?

① 약품침전법을 사용한다.
② 역류세척으로 생물막을 제거한다.
③ 여과지의 1회 사용일수는 1일이다.
④ 탁도, 색도가 높을 때 불리하다.

18. 다음 중 대사증후군의 진단기준으로 옳지 않은 것은?

① 허리둘레: 남자 90cm 이상, 여자 85cm 이상
② 중성지방: 150mg/dL 이상
③ 고밀도지단백콜레스테롤: 남자 40mg/dL 이상, 여자 50mg/dL 이상
④ 고혈당: 공복혈당 100mg/dL 이상

19. 조선시대 일반 의료행정과 의학교육, 의과취재 등
   의 사무를 담당한 기관은?

   ① 내의원
   ② 전의감
   ③ 태의감
   ④ 제생원

20. 당뇨병에 이환된 환자 중에서 일정 기간 동안 사
   망한 사람의 비율을 알고자 할 때 구해야 하는 지
   표는?

   ① 치명률
   ② 사인별 비례사망률
   ③ 사인별 특수사망률
   ④ 병원력

응시번호 ＿＿＿＿＿＿＿＿＿ 성명 ＿＿＿＿＿＿＿＿＿ 점수 ＿＿＿＿＿점

01. 다음 중 건강－질병현상의 결정요인에 대한 설명으로 옳지 않은 것은?

① 건강결정요인은 매우 다양하지만, 일반적으로 유전적 요인, 사회경제적 요인, 생활습관 및 건강행태 요인, 환경요인, 성 관련 요인, 문화적 요인, 정치적 요인 등으로 분류될 수 있다.

② 유전적 요인과 질병발생의 관련성은 많은 연구에서 보고가 되어 가장 중요하고 직접적인 건강－질병현상 결정요인으로 인정되고 있다.

③ 성별 차이가 일관된 양상으로 나타나고 있어 성 관련 요인이 건강－질병현상 결정요인의 하나로 거론된다.

④ 문화와 가치에 따라 건강과 질병에 대한 인식과 견해 및 행동양식이 다름으로써 건강손실, 건강보호 등에 영향을 미친다.

02. 다음 설명에 해당하는 표본추출방법은?

> 지역주민의 당뇨병 진단에 대한 자료를 얻기 위해 지역 주민 10,000명으로부터 1,000명의 표본을 추출할 때 남녀 각 500명 씩, 남녀 각각 생애주기 연령별로 100명씩으로 총 1,000명을 표본을 뽑았다.

① 단순무작위추출
② 층화무작위추출
③ 계통추출
④ 집락추출

03. 기능적 수준과 장애에 기인하는 건강수준을 분류하기 위해 세계보건기구가 2001년 개발한 통합적인 분류틀로 인체의 구조와 기능, 활동수준과 사회활동 참여 수준, 중증도와 환경요인에 대한 추가 정보 등의 세 가지 구성요소를 토대로 만들어진 분류체계는?

① ICD
② SNOMED
③ UMLS
④ ICF

04. 다음 중 신뢰도에 대한 설명으로 옳지 않은 것은?

① 재현성 또는 반복성이라고 하며, 검사를 반복하였을 때 비슷한 검사결과가 얻어지는지를 의미하는 개념이다.

② 검사결과의 정확성의 전제조건은 검사의 신뢰도이다.

③ 검사자의 주관적인 평가 방법과 숙련도에 따라 검사 결과에 영향을 미치는 경우 피검사자의 생물학적 변이가 유발된다.

④ 신뢰도를 평가하는 방법으로는 일치율, 카파통계량 등이 있다.

05. 「감염병의 예방 및 관리에 관한 법률」에 따라 법정감염병을 신고하여야 한다. 법정감염병의 신고에 대한 설명으로 옳지 않은 것은?

① 치과의사는 감염병환자등을 진단하거나 그 사체를 검안한 경우 관할 보건소장에게 신고하여야 한다.

② 국방부 직할 부대에 소속된 군의관은 제2급 감염병환자를 진단하였을 경우 소속 부대장에게 보고하여야 하고, 보고받은 소속 부대장은 24시간 이내에 관할 보건소장에게 신고하여야 한다.

③ 세대주나 관공서, 학교, 병원 등의 관리인, 경영인, 대표자는 보건복지부령으로 정하는 신고대상 감염병이 발생한 경우 관할 보건소장에게 신고하여야 한다.

④ 신고의무자가 아니면 감염병환자 등 또는 감염병으로 인한 사망자로 의심되는 사람을 발견하여도 보건소장에게 알릴 필요는 없다.

06. 소독에 대한 설명으로 옳은 것은?

① 소독은 모든 미생물의 영양형은 물론 포자까지도 멸살 또는 파괴시키는 조작이다.

② 자외선멸균법은 무균실, 수술실, 제약실등에서 고익, 물, 식품, 기구, 용기 등의 소독에 사용되는 화학적 소독법이다.

③ 소독약의 석탄산 계수가 높을수록 살균력이 강하다.

④ 70~75%의 메틸알코올은 피부 및 기구 소독에 사용된다.

07. 다음에서 설명하는 식중독은 무엇인가?

- 원인균은 4℃ 전후의 저온에서 증식하는 저온성 식중독균이다.
- 주로 오염된 돼지고기를 매개로 하여 경구감염된다.

① 여시니아 식중독
② 캄필로박터 식중독
③ 포도상구균 식중독
④ 살모넬라 식중독

08. 학교의 장은 학생과 교직원에 대하여 건강검사를 하여야 하고 그 결과 필요하면 질병 치료 및 예방 조치를 하여야 한다. 다음 중 학교의 장이 학생에 대하여 정신건강 상태를 검사한 결과 필요시 행하여야 하는 조치에 해당하는 것은?

ㄱ. 학생·학부모·교직원에 대한 정신건강 증진 및 이해 교육
ㄴ. 해당 학생에 대한 상담 및 관리
ㄷ. 해당 학생에 대한 전문상담기관 또는 의료기관 연계
ㄹ. 해당 학생의 정신질환 치료

① ㄱ, ㄴ, ㄷ
② ㄱ, ㄷ
③ ㄴ, ㄷ
④ ㄱ, ㄴ, ㄷ, ㄹ

09. PRECEDE – PROCEED 모형에 따라 보건프로그램을 기획할 때 고용률, 실업률, 교육수준 등의 지표를 이용하여 사정하는 단계는?

① 사회적 사정
② 역학적 사정
③ 교육·생태학적 사정
④ 행정적·정책적 사정

10. 노인장기요양보험의 등급판정에 대한 설명으로 옳은 것은?

① 등급판정위원회는 신청인이 신청자격요건을 충족하고 1년 이상 동안 혼자 일상생활을 수행하기 어렵다고 인정하는 경우 등급판정기준에 따라 수급자로 판정한다.

② 등급판정위원회는 심의·판정을 하는 때 의사소견서를 발급한 의사의 의견을 들을 수 있으며 그 과정이세 신청인과 그 가족의 의견은 배제하여야 한다.

③ 치매환자로서 장기요양인정점수가 45점 미만인 자는 수급자가 될 수 없다.

④ 심신의 기능상태 장애로 일상생활에서 상당 부분 다른 사람의 도움이 필요한 자로서 장기요양인정 점수가 75점 이상 95점 미만인 자는 장기요양 2등급에 해당한다.

11. 사회보험과 공공부조에 대한 설명으로 옳은 것은?

① 사회보험의 목적은 빈곤을 완화하는 것이다.

② 공공부조는 재정 예측성이 곤란하다.

③ 사회보험은 보험료 지불능력이 없는 계층을 대상으로 한다.

④ 공공부조는 제1사회 안정망이다.

12. 사무자동화를 통해 영상표시단말기의 사용기간이 늘어남에 따라 VDT 작업자들에게 다양한 질환이 발생하고 있다. 다음 중 VDT증후군의 증상에 해당하지 않는 것은?

① 시력감퇴

② 피부발진

③ 경견완장애

④ 백혈병

13. 중증열성혈소판감소증후군(SFTS)에 대한 설명으로 옳지 않은 것은?

① 감염병 예방법에 따른 인수공통감염병이다.

② 국내에서는 2013년에 환자 발생이 처음 보고되었다.

③ 모기가 매개하는 질병이다.

④ 체액이나 혈액을 통한 사람 간 전파가 가능하다.

14. 감염병 관리의 발전사 연결이 옳은 것은?

① 장기설 시대 → 종교설 시대 → 점성설 시대 → 접촉감염설 시대 → 미생물병인론 시대

② 점성설 시대 → 장기설 시대 → 종교설 시대 → 미생물병인론 시대 → 접촉감염설 시대

③ 종교설 시대 → 점성설 시대 → 장기설 시대 → 접촉감염설 시대 → 미생물병인론 시대

④ 점성설 시대 → 종교설 시대 → 장기설 시대 → 미생물병인론 시대 → 접촉감염설 시대

15. COVID-19의 기초감염재생산수(R0)값은 5.7이다. 백신 개발 후 유행이 일어나지 않기 위한 집단면역의 한계밀도는 얼마인가?

① 62.5% ② 71.4%

③ 79.8% ④ 82.5%

16. 유병률과 발생률에 대한 설명으로 옳은 것은?

① 발생률은 유병률과 이환기간의 영향을 받는다.
② 발생률이 오랜 기간 동안 일정하고 유병기간이 일정한 상태이며 그 지역사회에서 해당 질병의 유병률인 높을 경유 P=I×D가 된다.
③ 발생률은 급성 질환이나 만성질환의 질병의 원인을 찾는 연구의 기본적 도구이다.
④ 발생률은 질병관리에 필요한 인력 및 자원 소요의 추정에 사용된다.

17. 대기 중 산소 변동범위는 15~27%이다. 흡기 중의 산소함유량에 따른 저산소증의 증상으로 정신착란, 질식, 혼수 등을 일으킬 수 있는 농도는?

① 3% 이하
② 7% 이하
③ 10% 이하
④ 14% 이하

18. 다음 설명에 해당하는 조직의 원리는?

- 업무 수행에서의 중복성과 낭비를 배제하고 혼선을 방지하여 공동목표를 달성할 수 있도록 특정인에게 업무를 조정하는 역할을 부여하여야 한다는 원칙이다.
- 효과적인 조정을 하기 위해서는 의사소통이 촉진되어야 한다.

① 계층제의 원리
② 통솔범위의 원리
③ 분업의 원리
④ 조정의 원리

19. 우리나라의 보건행정 역사로 옳지 않은 것은?

① 고구려시대에는 왕실치료를 담당하는 시의가 있었다.
② 통일신라시대에는 의료행정을 담당하는 기관으로 약전이 있었다.
③ 고려시대 지방의료기관으로 심약이 있었다.
④ 조선말기 지석영에 의해 최초의 종두법이 실시되었다.

20. 지역사회보건사업을 기획하는데 생태학적 모형을 적용할 때 일정한 경계 안에서 이루어지는 조직, 기관, 비공식 네트워크 사이의 관계 등으로 정의되는 단계는?

① 개인적 요인
② 개인 간 관계
③ 조직 요인
④ 지역사회 요인

제6회 최종모의고사

01. 다음 중 「감염병의 예방 및 관리에 관한 법률」에 따라 역학조사를 실시하여야 하는 경우에 해당하지 않는 것은?

① 질병관리청장이 감염병이 발생하여 유행할 우려가 있거나, 감염병 여부가 불분명하나 발병원인을 조사할 필요가 있다고 인정하는 경우
② 시장·군수·구청장이 감염병이 발생하여 유행할 우려가 있거나, 감염병 여부가 불분명하나 발병원인을 조사할 필요가 있다고 인정하는 경우
③ 시·도지사가 감염병이 발생하여 유행할 우려가 있거나, 감염병 여부가 불분명하나 발병원인을 조사할 필요가 있다고 인정하는 경우
④ 보건복지부장관이 감염병이 발생하여 유행할 우려가 있거나, 감염병 여부가 불분명하나 발병원인을 조사할 필요가 있다고 인정하는 경우

02. 노인의 질환을 사전예방 또는 조기발견하고 질환 상태에 따른 적절한 치료·요양으로 심신의 건강을 유지하고, 노후의 생활안정을 위하여 필요한 조치를 강구함으로써 노인의 보건복지증진에 기여함을 목적으로 하는 법은 무엇인가?

① 노인장기요양보험법
② 노인복지법
③ 저출산고령사회기본법
④ 대한노인회 지원에 관한 법률

03. 태양광선 중 자외선에 대한 설명으로 옳은 것은?

① 800nm~1200nm 사이의 파장을 일컫는다.
② 열선이라고도 하며 주요작용은 대기 중의 탄산가스에 흡수되어 온실효과를 일으키게 된다.
③ 주로 초자공, 대장장이 직업에서 노출될 수 있는 파장이다.
④ 중자외선인 Dorno선은 생물학적 작용을 하여 생명선이라고도 부른다.

04. 의료보장의 1차적 기능은 무엇인가?

① 소득재분배 기능
② 많은 인원을 집단화하여 위험을 분산하는 기능
③ 국민이 경제적 어려움을 느끼지 않는 범위 내에서 필수의료를 확보해 주는 기능
④ 사회적 연대성 제고 기능

05. 다음 보건교육이론 건강행동 모형 중 개인수준 행동이론으로 옳은 것을 모두 고른 것은?

㉠ 사회인지이론	㉡ 건강신념모형
㉢ 범이론적 모형	㉣ 혁신전파이론
㉤ 계획된 행동이론	㉥ 동기화면담이론

① ㉠, ㉡, ㉣, ㉥
② ㉡, ㉢, ㉤
③ ㉠, ㉤, ㉥
④ ㉡, ㉢, ㉥

06. 대표적인 만성질환인 당뇨병에 대한 설명으로 옳지 않은 것은?

① 제1형당뇨는 흔히 소아당뇨라고도 불리며 인슐린비의존형(Non Insulin ependent) 당뇨라고도 불린다.

② 제2형당뇨는 인슐린 분비가 되지만 인슐린 저항성이 생겨서 인슐린이 제 기능을 하지 못하는데서 발생하게 된다.

③ 제1형당뇨는 췌장에서 인슐린을 만들지 못하기 때문에 발생하며, 증상이 갑자기 나타나고 소아나 청소년에서 발생하게 된다.

④ 제2형당뇨는 흔히 40~50세 중년나이에서 발생하며 주로 비만, 불량한 생활습관으로 인해 발생하게 된다.

07. 병원지표 (ㄱ), (ㄴ)에 순서대로 들어갈 단어로 알맞은 것은?

> (ㄱ) 일정기간동안 1개의 병상을 평균 몇 명의 환자가 사용했는지 알아보는 지표로서 가동병상에 대한 실제 이용환자의 비율을 나타낸 지표이다.
>
> (ㄴ) 입원환자의 입원일수를 총입원한 환자로 나누어서 산출한 지표이다. 환자 1명당 평균 입원한 기간을 알 수 있다.

① (ㄱ) 병상이용율 (ㄴ) 병원이용율
② (ㄱ) 병상회전율 (ㄴ) 병원이용율
③ (ㄱ) 병상이용율 (ㄴ) 평균재원일수
④ (ㄱ) 병상회전율 (ㄴ) 평균재원일수

08. 하수의 처리과정은 예비처리, 본처리, 오니처리 순으로 진행된다. 본처리인 생물학적 처리방법인 활성오니법과 살수여상법에 대한 설명으로 옳지 않은 것은?

① 활성오니법은 살수여상법에 비하여 경제적이다.
② 활성오니법은 살수여상법에 비하여 처리면적이 적어도 가능하다.
③ 살수여상법은 활성오니법에 비하여 수량의 변동에 민감하다.
④ 살수여상법은 활성오니법에 비하여 온도에 의한 영향을 적게 받는다.

09. 건강모형 중 전인적 모형의 구성요소에 포함될 수 있는 내용으로 옳지 않은 것은?

① 생물학적 특성 – 유전적 소인
② 환경 – 심리적 환경
③ 생활습관 – 성숙 및 노화
④ 보건의료체계 – 치료적 요소

10. 「정신건강증진 및 정신질환자 복지서비스 지원에 관한 법률」에 다른 정신건강증진시설에 해당하는 것은?

> ㄱ. 정신의료기관   ㄴ. 정신요양시설
> ㄷ. 정신재활시설   ㄹ. 정신건강복지센터

① ㄱ, ㄴ, ㄷ   ② ㄱ, ㄷ
③ ㄴ, ㄹ   ④ ㄱ, ㄴ, ㄷ, ㄹ

11. 다음 중 「학교보건법」에 따른 교사내 공기 질 기준에 맞지 않는 것은?

① 미세먼지(PM-2.5) − 35$\mu g/m^3$ 이하
② 이산화탄소 − 1000ppm 이하
③ 1층 교사의 석면 0.05개/cc 이하
④ 교무실의 오존농도 0.06ppm 이하

12. 정부가 국민의 행복과 복지를 위해 직접 개입하여 서비스를 제공하는 것은 보건행정의 어떠한 특성에 해당하는가?

① 공공성   ② 봉사성
③ 사회성   ④ 조장성

13. 공중보건학에 대한 설명으로 옳은 것은?

① 공중보건학이란 어떤 개인의 건강 문제를 중심으로 다루는 학문이다.
② Anderson은 "공중보건학이란 조직적인 지역사회의 노력을 통하여 질병을 예방하고 생명을 연장시키며, 신체적·정신적 효율을 증진시키는 기술이며 과학이다."라고 정의하였다.
③ 공중보건은 역학적인 연구방법과 통계학을 이용한 질병의 위험인자 및 위험요인을 구명하는 학문이다.
④ 공중보건학의 처방은 법, 조례, 규제, 의료체계관리, 보건사업, 식품 및 환경위생관리 등이다.

14. 「먹는물 수질기준」의 소독제 및 소독부산물질에 관한 기준 항목에 해당하지 않는 것은?

① 총트리할로메탄
② 브로모디클로로메탄
③ 트리클로로아세토니트릴
④ 디에틸헥실프탈레이트

15. 변수의 관계를 분석하기 위한 통계기법으로서 두 연속변수 간의 관계를 수식으로 나타내는 통계적 기법은 무엇인가?

① 단순회귀분석
② 상관분석
③ 다중회귀분석
④ 카이제곱검정

16. 〈보기〉의 내용에서 가설을 유도한 원칙은 무엇인가?

─── 〈보기〉 ───
어느 마을에서 콜레라에 걸린 사람들의 대부분이 그 지역 상가에 조문 갔다가 음식을 대접받은 사람들이었다. 상가의 음식이 콜레라의 원인일 것이다.

① 공통점에 근거하는 방법
② 차이점에 근거하는 방법
③ 동시에 변화하는 점에 근거하는 방법
④ 유사점에 근거하는 방법

17. 국제암연구소(IARC)에서 규정한 1급 발암물질로 폐에 섬유증식을 일으키고 폐암, 중피종의 원인이 되는 물질은?

① 수은　　　　② 석면
③ 라돈　　　　④ 포름알데히드

18. 인간의 체온은 36.1℃~37.2℃ 사이이며 이 범위를 벗어나면 생리적 이상이 초래되기 때문에 다양한 기전으로 체온을 조절하게 된다. 인체 기관 중 체열의 생산량이 2번째로 많은 기관은 무엇인가?

① 신장　　　　② 간
③ 심장　　　　④ 골격근

19. 분뇨의 처리방법 중 고압하에서 200~250℃의 고온을 가하고 충분한 산소를 공급하여 소각하는 압법은 무엇인가?

① 소화처리법　　② 습식산화법
③ 소각법　　　　④ 매립법

20. 다음 중 우리나라 산업재해보상보험의 원리로 옳지 않은 것은?

① 무과실책임주의
② 정액보상방식
③ 사회보험방식
④ 현실우선주의

제7회 최종모의고사

응시번호 _____ 성명 _____ 점수 _____ 점

01. 〈보기〉 중 검역법에 따른 우리나라의 검역대상감염병에 해당하는 것은?

> ─────── 〈보기〉 ───────
> ㉠ 콜레라   ㉡ 페스트
> ㉢ 큐열   ㉣ 에볼라바이러스병
> ㉤ 신종인플루엔자

① ㉠, ㉡, ㉢, ㉣
② ㉠, ㉡, ㉣, ㉤
③ ㉡, ㉢, ㉣, ㉤
④ ㉠, ㉡, ㉢, ㉣, ㉤

02. 다음 중 제5차국민건강증진종합계획(HP2030)의 목표에 대한 설명으로 옳지 않은 것은?

① 목표는 건강수명연장과 건강형평성제고이다.
② 건강수명 75세 달성을 목표로 한다.
③ 건강형평성을 위해 소득 간 건강수명의 격차를 해소한다.
④ 건강형평성을 위해 지역 간 건강수명의 격차를 해소한다.

03. 위해성평가(Risk Assessment)는 어떤 독성물질이나 위험상황에 노출되어 나타날 수 있는 개인 혹은 인구집단의 건강 피해 확률을 추정하는 과학적인 과정이다. 위해성평가를 실시하는 궁극적인 목적은 무엇인가?

① 위험성 확인
② 용량－반응평가
③ 위해도 결정
④ 위해도 관리

04. 감염병의 생물학적 전파 유형과 매개체, 질병의 연결이 옳은 것은?

① 증식형 － 벼룩 － 뎅기열
② 발육형 － 모기 － 일본뇌염
③ 발육증식형 － 모기 － 말라리아
④ 배설형 － 벼룩 － 발진티푸스

05. 다음 중 「노인복지법」에 다른 노인복지시설의 종류로 옳지 않은 것은?

① 노인주거복지시설 － 양로시설
② 노인의료복지시설 － 노인공동생활가정
③ 노인여가복지시설 － 경로당
④ 노인주거복지시설 － 노인복지주택

06. 다음 중 미세먼지에 대한 설명으로 옳지 않은 것은?

① 미세먼지의 발생원인은 자연적인 원인과 인위적인 원인으로 구분되며 자연적인 발생이 대부분이다.
② 인위적인 발생원은 대부분 연료 연소에 의해 발생되며, 보일러, 자동차 등의 배출 물질이 주요 발생원이다.
③ PM2.5는 자동차, 화력발전소 등에서 배출된 1차 오염물질의 대기 중 반응에 의한 2차 오염물질 생성이 주요 발생원이다.
④ PM2.5에는 황산염, 질산염, 중금속 등의 성분이 상대적으로 높고 폐 깊숙이 침투하기 때문에 PM10보다 더 유해하다.

07. 여름철 해산물을 먹고 12시간 뒤 복통, 설사, 구토 등의 증상이 나타났다면 의심되는 질병은 무엇인가?

① 살모넬라 식중독
② 장염비브리오 식중독
③ 포도상구균 식중독
④ 캄필로박터 식중독

08. 다음 중 조산아의 보건을 위한 4대 관리에 해당하지 않는 것은?

① 체중관리　　② 영양관리
③ 호흡관리　　④ 감염방지

09. 지역사회 건강증진사업을 위하여 PRECEDE – PROCEED 모형을 적용하고자 한다. 각 단계 중 건강 행동에 영향을 줄 수 있는 요인 중 변화시킬 수 있는 요인들을 파악하고 삶의 질에 영향을 미치는 것으로 파악된 요인들을 변화시킬 수 있는 교육적 방법을 개발하는 것은 어느 단계에 해당하는가?

① 1단계　　② 2단계
③ 3단계　　④ 4단계

10. 우리나라 사회보험의 도입 시기를 순서대로 바르게 나열한 것은?

① 산재보험 – 건강보험 – 고용보험 – 국민연금
② 건강보험 – 산재보험 – 고용보험 – 국민연금
③ 산재보험 – 건강보험 – 국민연금 – 고용보험
④ 건강보험 – 산재보험 – 국민연금 – 고용보험

11. 보건의료체계 하부구성요소 중 보건의료 자원에 해당하지 않는 것은?

① 폐수처리장
② 보건의료인력
③ 약국
④ 보건의료재정

12. "모든 사람에게 건강을, 모든 것은 건강을 위해"라는 의제로 진행된 건강증진국제회의는 무엇인가?

① 오타와 회의
② 애들레이드 회의
③ 헬싱키 회의
④ 상하이 회의

13. 다음 중 직업병의 물리적인 원인과 관련된 질병의 연결이 옳은 것은?

① 카드뮴 – 신장장애
② 고온 – 참호족
③ 자외선 – 백내장
④ 압력 – 레이노드 병

14. 학교에서 시행하는 건강조사의 내용으로 옳지 않은 것은?

① 건강조사는 병력, 식생활 및 건강생활 행태 등에 대해서 실시한다.
② 건강조사항목으로는 예방접종, 식생활, 위생관리, 신체활동 등의 내용이 포함된다.
③ 시·도교육감은 조사항목 및 내용을 포함한 설문지를 마련하고, 학교의 보건교사를 통하여 조사할 수 있도록 한다.
④ 건강조사항목으로는 학교생활, 학교폭력, 흡연·음주·약물의 사용, 성의식, 건강 상담 등이 포함된다.

15. 감염병이 유행할 때 작성하는 유행곡선의 활용으로 적절하지 않은 것은?

① 잠복기 분포를 이용하여 병원체 종류 추정
② 전파양식 추정
③ 향후 유행의 진행 여부와 규모 예측
④ 유행지역의 분포 확인

16. 지역사회보건사업을 기획할 때 가장 먼저 지역사회현황을 분석한 뒤 우선순위를 결정하게 된다. 다음 중 우선순위를 결정하기 위한 브라이언트의 기법과 BPR기법에 공통적으로 반영되는 항목이 아닌 것은?

① 주민의 관심도
② 문제의 크기
③ 사업의 효과
④ 문제의 심각성

17. 1차 오염물질이 광화학 반응을 일으켜 생긴 2차 오염물질로 옳은 것은?

① 분진
② 탄화수소
③ 황산화물
④ 알데히드

18. 다음이 설명하는 하수 처리 방법으로 옳은 것은?

• 상부에는 호기적 활동, 하부에는 혐기적 활동이 이루어지는 통성혐기성 처리방법이다.
• 수량변동에 유리하다.

① 부패조
② 임호프 탱크
③ 살수여상법
④ 활성오니법

19. 다음 설명에 해당하는 조직의 원리는?

권한과 책임의 정도에 따라 직무를 등급화함으로써 상하 계층 간의 직무상의 지휘, 복종관계가 이루어지도록 하는 것으로 역할의 수직적 분담 체계이다.

① 계층제의 원리
② 통솔범위의 원리
③ 명령통일의 원리
④ 조정의 원리

20. 다음 중 미충족 필요의 조건에 해당하는 것은?

구분		의학적 필요			
		없음		있음	
		욕구 (인지된 필요)		욕구 (인지된 필요)	
		없음	있음	없음	있음
의료이용	없음	[A]	[B]	[C]	[D]
	있음	[E]	[F]	[G]	[H]

① [A], [B]　　　② [C], [D]

③ [E], [F]　　　④ [G], [H]

제8회 최종모의고사

01. 〈보기〉에서 설명하는 보건사업 기획 모형은 무엇인가?

> ───────〈보기〉───────
> • 질병과 사고 예방을 위한 행동 및 환경적인 요인이 알려져 있고, 우선순위가 정해졌을 때 적용한다.
> • 개인의 행동과 환경에 영향을 주는 요인들을 개인부터 조직, 지역사회, 정부, 공공정책 등 여러 수준으로 나누어 프로그램을 기획한다.

① PATCH
② MATCH
③ MAPP
④ PRECEDE – PROCEED

02. 다음 중 치매에 대한 설명으로 옳은 것은?

① 선천적 뇌질환으로 기억장애를 포함한 다영역에 걸친 인지기능 장애로 일상생활이나 사회생활에 장애를 겪는 상태를 말한다.
② 치매의 원인을 규명하더라도 예방하는 것은 불가능하다.
③ 위험인자는 나이, 여성, 유전적 요인 이외에 우울증 등 요인들이 있다.
④ 치매는 노년기에 시작되므로 65세 이후에 관리하는 것이 중요하다.

03. 질병을 진단하고자 할 때 예측도에 대한 설명으로 옳지 않은 것은?

① 질병을 진단하는 데 있어서의 검사도구의 효용성을 평가한다.
② 예측도는 임상에서 많이 사용하는 지표이다.
③ 예측도는 검사법의 민감도와 특이도, 그리고 해당 인구집단의 유병률에 의해 결정된다.
④ 유병률이 높은 집단에서는 양성예측도가 낮아지고 음성예측도가 높아진다.

04. 폐기물처리방법 중 소각법의 특징으로 옳은 것은?

① 감량비가 크고 잔유물이 적어 매립에 적합하다.
② 기후 및 기상에 영향을 많이 받는다.
③ 설치 소요면적이 크다.
④ 건설비가 적게 든다.

05. 전리방사선에 대한 설명으로 옳지 않은 것은?

① 주위의 물질을 이온화시킬 수 있는 에너지를 가진 방사선이다.
② X – 선은 병원에서 진단이나 치료 목적으로 이용한다.
③ 알파입자는 자연적으로 존재하는 우라늄이 붕괴하는 과정에서 나온다.
④ 중성자는 투과력이 매우 약한 입자이다.

06. "황금다이아몬드(Golden diamond)" 방식 우선순위 결정기법에 대한 설명으로 옳지 않은 것은?

① 보건지표의 상대적 크기와 변화의 경향을 이용하여 결정하는 방식이다.

② 주요 건강문제를 선정한 뒤 건강문제의 이환율과 사망률 그리고 변화의 경향을 전체 지역과 비교한다.

③ 1순위 사업은 전체 지역에 비해 지자체의 지표가 좋지 않고, 변화 추세도 나쁜 경우이다.

④ 자치단체별 건강지표 확보가 어려워도 과거의 추세만 알 수 있다면 쉽게 우선순위를 정할 수 있다.

07. 학교에서 급식을 먹은 뒤 복통, 구토, 설사 등의 증상을 보여 확인한 결과 세균성이질에 감염되었다. 이러한 경우를 설명하기에 적합한 질병발생 모형은?

① 역학적 삼각형 모형
② 수레바퀴모형
③ 건강의 장 모형
④ 거미줄모형

08. 기술역학의 주요 변수에 해당하지 않는 것은?

① 인적특성
② 사회적 특성
③ 시간적 특성
④ 지역적 특성

09. 격리와 검역에 대한 설명으로 옳은 것은?

① 격리는 세대기 동안만 한다.
② 검역기간은 질병의 최소잠복기로 한다.
③ 잠복기 보균자가 많으면 격리효과가 떨어진다.
④ 위장관 감염성 질환에서 격리는 임상증상이 없어질 때까지 한다.

10. 기후순화에 대한 설명으로 옳은 것은?

① 대상성 순응은 환경자극에 의해 저하되었던 기능이 정상으로 회복되는 것이다.

② 수동적 순응은 약한 개체가 자신에 대한 최적의 기능을 찾는 것이다.

③ 자극적 순응은 새로운 환경 조건에 세포 또는 기관이 그 기능을 적응하는 것이다.

④ 기후 순화는 기온의 변화에 인간이 신체적 · 정신적 변화를 일으키게 되어 질병이 발생되는 것이다.

11. 연구의 가설을 검정하기 위한 통계결과 P−value < 0.05로 확인되었다. (유의수준은 0.05다.) 이 결과가 의미하는 것은?

① 연구결과가 통계적으로 유의하다.
② 연구결과가 통계적으로 유의하지 않다.
③ 연구결과의 인과관계가 인정된다.
④ 연구결과의 인과관계가 인정되지 않는다.

12. 화학반응 시 수증기의 응축에 의하여 생성되어 공기나 기체 속에 부유 상태로 존재하는 액체입자를 가리키는 물질은?

① 훈연(fume)
② 분진(dust)
③ 액적(mist)
④ 매연(smoke)

13. 2021년 신종감염염병이 유행하고 있다. 100,000명의 인구집단에서 총 3,000명의 환자가 발생하였고 그들 중 50명이 사망하였다. 이 신종감염병의 특수사망률은 얼마인가?

① 0.3(1,000명당)
② 0.5(1,000명당)
③ 16.7(1,000명당)
④ 30(1,000명당)

14. 우리나라 표준 예방접종일정표에 따라 생후 6개월 미만의 아이가 반드시 맞아야 하는 예방접종은?

① 폴리오   ② 수두
③ 홍역   ④ 일본뇌염

15. 참치나 상어와 같은 육식성 대형어류에 많이 함유되어 있으며 임신 중에 노출되면 태아에게 신경독성을 초래할 수 있는 물질은?

① 납   ② 비소
③ 크롬   ④ 수은

16. 식품첨가물의 사용 시 가장 중요한 구비조건으로 적절하지 않은 것은?

① 인체에 유해한 영향을 미치지 않을 것
② 식품에 나쁜 영향을 주지 않을 것
③ 식품의 상품가치를 향상시킬 것
④ 식품성분 등에 의해서 첨가물을 확인할 수 없을 것

17. 모자보건 지표들 중에서 특히 모성보건 상태를 비교하는 데 중요한 지표는?

① 신생아 사망률
② 영아사망률
③ 알파인덱스
④ 주산기사망률

18. Notestein & Thompson의 인구성장 분류에 대한 설명으로 옳은 것은?

① 인구의 성장 단계를 3단계만으로 설명하기 부족하여 농경사회에서부터 기계문명이 고도로 발달된 현대사회로의 변천과정을 4단계로 세분화하였다.
② 고출생 저사망인 국가는 잠재적 성장단계에 해당한다.
③ 인구 감소 단계는 선진공업 국가로 감소기의 나라에서 나타나는 인구성장 형태로 소산소사형이다.
④ 과도기적 성장단계는 산업 혁명 이전의 시기로 공업화되지 못한 국가에서 볼 수 있다.

19. 학교의 교육환경보호구역에 대한 설명으로 옳지
   않은 것은?

   ① 교육감은 학교경계로부터 직선거리 200미터의
      범위 안의 지역을 교육환경보호구역으로 설정 ·
      고시하여야 한다.
   ② 상 · 하급 학교 간에 보호구역이 서로 중복되는
      경우에는 상급학교의 장이 관리한다.
   ③ 절대보호구역은 학교출입문으로부터 직선거리
      로 50미터까지인 지역이다.
   ④ 상대보호구역은 학교경계등으로부터 직선거리
      로 200미터까지인 지역 중 절대보호구역을 제
      외한 지역이다.

20. SWOT분석을 시행한 결과 해당 조직의 구조조정,
   혁신운동을 통한 국면전환 전략일 필요하다. 어떤
   전략에 해당하는가?

   ① SO전략
   ② ST전략
   ③ WT전략
   ④ WO전략

제9회 최종모의고사

응시번호 _____ 성명 _____ 점수 _____ 점

01. 어떤 주제에 대해 대립되거나 다양한 견해를 가진 전문가 4~7명이 사회자의 진행에 따라 토의를 진행하여 청중이 전문가로부터 다각도의 의견을 듣고 질의 응답을 통해 참여를 촉진시키는 교육기법은 무엇인가?

① 심포지엄(Symposium)
② 버즈세션(Buzz session)
③ 패널토의(Panel discussion)
④ 집단토론(Group discussion)

02. 결핍시 갑상선 기능장애를 초래하는 무기질로서 해조류에 많이 함유되어 있는 성분은?

① 칼슘(Ca)
② 인(P)
③ 철분(Fe)
④ 요오드(I)

03. 홍역이 유행할 때 나타날 수 있는 유행곡선의 유형은?

① 증식형 유행곡선
② 다봉형 유행곡선
③ 단일봉이며 고원이 긴 유행곡선
④ 단일봉 유행곡선

04. 건강도시(health city)의 핵심요소로 옳지 않은 것은?

① 고도의 정치적 공약
② 주기적 감시와 평가
③ 국가 차원에서의 연계망과 국제사회 연계망의 구축을 포함
④ 개개인의 발전보다 지역사회 발전을 우선시함

05. 〈보기〉에 해당하는 근로자 건강진단의 종류는?

> ─── 〈보기〉 ───
> 특수건강진단대상업무로 인하여 해당 유해인자로 인한 것이라고 의심되는 직업성 천식, 직업성 피부염, 그 밖의 건강장해 증상을 보이거나 의학적 소견이 있는 근로자에 대하여 필요할 때마다 실시하는 건강진단이다.

① 임시건강진단
② 수시건강진단
③ 특수건강진단
④ 일반건강진단

06. 만성질환의 위험요인 중 중간단계 위험요인에 해당하지 않는 것은?

① 당뇨병
② 고혈압
③ 고혈당
④ 과체중/비만

07. 블래커의 인구성장 분류 중 저사망률과 저출생률의 경향을 나타내는 국가의 유형은?

① 인구증가형
② 인구정지형
③ 인구성장둔화형
④ 인구증가정지형

08. 「먹는물 수질기준」으로 옳지 않은 것은?

① 여시니아균은 2L에서 검출되지 아니할 것
② 비소는 0.01mg/L에서 검출되지 아니할 것
③ 암모니아성 질소는 10mg/L에서 검출되지 아니할 것
④ 파라티온은 0.06mg/L에서 검출되지 아니할 것

09. 독소의 내열성을 가지고 있어서 100℃에서 30분 가열로 무독화되지 않고 완전히 파괴하는 데 210℃ 이상에서 30분 가열이 필요한 식중독은?

① 웰치균 식중독
② 포도상구균 식중독
③ 살모넬라 식중독
④ 비브리오 패혈증

10. 다음 중 체온조절에 있어서 가장 적절한 온도를 의미하는 것은?

① 지적온도
② 감각온도
③ 실효온도
④ 체감온도

11. 다음 중 국가별 출산력을 비교하는 지표는 무엇인가?

① 조출생률
② 총재생산율
③ 일반출산율
④ 합계출산율

12. 질병요인과 발생간의 연관성의 크기를 측정할 수 있는 지표로서 노출과 질병의 인과관계를 밝히는 데 매우 중요하게 쓰이는 것은?

① 비교위험도
② 귀속위험도
③ 교차비
④ 상관계수

13. 환경관련 국제협약 중 인간환경선언을 선포한 회의는?

① 런던협약
② 스톡홀름 협약
③ 리우 협약
④ 파리 협약

14. 「감염병의 예방 및 관리에 관한 법률」에 따라 필수예방접종 및 임시예방접종등 감염병 예방접종을 실시할 의무가 있는 사람은?

① 보건복지부장관
② 질병관리청장
③ 시 · 도지사
④ 특별자치도지사 또는 시장 · 군수 · 구청장

15. 질병관리청장은 검역감염병 접촉자 또는 검역감염병 위험요인에 노출된 사람이 입국 후 거주하거나 체류하는 지역의 특별자치도지사ㆍ시장ㆍ군수ㆍ구청장에게 건강 상태를 감시하거나 격리시킬 것을 요청할 수 있다. 다음 중 검역대상 감염병에 따른 최대 감시 또는 격리기간의 연결이 옳지 않은 것은?

① 콜레라 – 5일
② 페스트 – 6일
③ 중동 호흡기 증후군 – 10일
④ 신종인플루엔자 – 최대잠복기

16. 개인의 사회적, 심리적, 행태적 요인을 중시하는 모형으로 숙주요인, 외부환경요인, 개인행태요인을 구성요소로 하는 건강모형은 무엇인가?

① 생의학적 모형
② 생태학적 모형
③ 전인적 모형
④ 사회생태학적 모형

17. 작업자에게 건강장해를 일으킬 수 있는 유해한 작업환경에 대한 관리대책 비용이 적게 들기도 하지만 기술적으로 어려움이 있으며 가장 근본적인 대책이 될 수 있는 것은?

① 격리
② 대치
③ 환기
④ 개인보호구

18. 기생충의 중간숙주 연결로 옳은 것은?

① 간흡충 – 다슬기
② 광절열두조충 – 다슬기
③ 요코가와흡충 – 다슬기
④ 유구악구충 – 다슬기

19. 자료의 산포도를 나타내는 값 중 편차를 제곱하여 평균을 구한 값은?

① 평균편차
② 분산
③ 변이계수
④ 표준편차

20. 보건정책의 결정과정을 바르게 나열한 것은?

① 문제의 인지 → 정보 수집 → 목표설정 → 대안 작성 및 평가 → 대안 선택
② 정보 수집 → 문제의 인지 → 목표설정 → 대안 작성 및 평가 → 대안 선택
③ 정보 수집 → 목표설정 → 문제의 인지 → 대안 작성 및 평가 → 대안 선택
④ 문제의 인지 → 목표설정 → 정보 수집 → 대안 작성 및 평가 → 대안 선택

응시번호 _____ 성명 _____ 점수 _____점

01. WHO에서는 주요 만성질환의 위험요인의 유병 정도를 파악하여 만성질환의 예방과 관리를 위한 정책개발에 활용할 수 있도록 WHO STEPS 사업을 시행하고 있다. 다음 중 주요 만성질환을 일으키는 위험요인으로 생활습관요인에 해당하는 것은?

| 가. 흡연 | 나. 과체중 |
| 다. 신체활동 부족 | 라. 비만 |

① 가, 나, 다
② 가, 다
③ 나, 라
④ 가, 나, 다, 라

02. 다음 중 역학의 활용분야에 해당하지 않는 것은?

① 질병의 자연사와 예후를 파악한다.
② 보건의료 인력, 시설 및 재원 기획을 위한 자료를 제공한다.
③ 질병의 원인을 파악하여 치료방법을 개발한다.
④ 공중보건 또는 환경문제에 대한 정책을 수립하는 데 기초 자료를 공한다.

03. 다음 중 「지역보건법」에 따른 보건소의 기능 및 업무에 해당하지 않는 것은?

① 지역보건의료계획의 수립 및 예산편성에 관한 사항
② 건강친화적인 지역사회 여건의 조성
③ 보건에 관한 실험 또는 검사에 관한 사항
④ 난임의 예방 및 관리를 위한 보건의료서비스 제공

04. 「모자보건법」에 따른 산전관리의 횟수로 옳은 것은?

① 임신 초기부터 28주까지 - 4개월마다 1회
② 임신 29주에서 26주까지 - 2개월마다 1회
③ 임신 9개월 이후부터 분만까지 - 1개월마다 1회
④ 만 35세 이상인 경우에는 건강진단 횟수를 넘어 건강진단을 실시할 수 있다.

05. 산업재해 지표 중 산업재해 발생 상황을 파악하기 위한 표준적 지료포 사용되는 것은?

① 건수율
② 발생률
③ 강도율
④ 도수율

06. 역학의 역사상 최초의 기술역학과 최초의 분석역학을 수행한 학자의 연결이 옳은 것은?

① Farr-Goldberger
② John Snow-Doll & Hill
③ Lind-John Snow
④ John Snow-Lind

07. 다음 중 인구피라미드의 설명이 옳은 것은?

① 피라미드형은 15세 이하 인구가 65세 이상 인구의 2배 이상일 경우이다.

② 종형은 인구정지형으로 유년인구가 노년인구의 2배정도가 되는 인구형이다.

③ 항아리형은 15세 이하 인구가 65세 이상 인구의 2배 이하가 되는 인구형이다.

④ 별형은 20세 이상 64세 이하 인구가 전체 인구의 50%를 넘는 경우이다.

08. 「먹는물 수질기준」으로 옳지 않은 것은?

① 납은 0.01mg/L를 넘지 아니할 것

② 수은은 0.001mg/L를 넘지 아니할 것

③ 카드뮴은 0.01mg/L를 넘지 아니할 것

④ 벤젠은 0.01mg/L를 넘지 아니할 것

09. 영양 상태를 판정하기 위한 방법 중 직접적인 방법에 해당하지 않는 것은?

① 의사의 시진이나 촉진으로 판정하는 방법

② 신체계측에 의한 판정법

③ 혈액검사나 소변검사에 의한 판정법

④ 식품의 섭취 종류나 양을 알아보는 식이섭취평가방법

10. 교사 내 환경기준으로 옳지 않은 것은?

① 실내 난방온도 – 18~20℃

② 환기량 – 20명당 환기량이 시간당 21.6m³ 이상 되도록 할 것

③ 조도 – 책상면을 기준으로 300Lux 이상 되도록 할 것

④ 소음 – 교사 내 소음은 55dB(A) 이하로 할 것

11. 고온작업장에서 중노동시 말초혈관 운동신경의 조절장애와 심박출량의 부전에 의한 순환부전으로 나타나는 열중증으로 포도당 수액 정맥투여, 강심제 투여를 통해 치료하는 것은 무엇인가?

① 열허탈   ② 열사병

③ 열경련   ④ 열쇠약증

12. 흡연집단 20,000명중 72명에서 폐암이 발생하였고, 비흡연집단 100,000명 중 18명에서 폐암이 발생하였을 때, 산출할 수 있는 지표에 대한 설명으로 옳은 것은?

① 흡연집단과 비흡연집단의 발생률의 비교위험도는 10이다.

② 흡연집단과 비흡연집단의 발생률의 차이인 기여위험도는 20,000명당 95명이다.

③ 흡연집단이 모두 금연할 경우 폐암발생의 68.4%를 예방할 수 있다.

④ 흡연집단이 비흡연집단보다 폐암 발생할 위험이 20배 높다.

13. 다음 중 파리 기후변화협약의 내용으로 옳지 않은 것은?

① 2015년 유엔기후변화협약 당사국 총회에서 온실가스를 줄이는 데 합의한 신 기후체제인 파리협정을 채택하였다.

② 파리협정은 2015년에 채택되어 2016년부터 적용되고 있다.

③ 지구 평균 기온 상승을 산업화 이전 대비 2도보다 훨씬 낮은 수준으로 유지하고, 1.5도로 제한하기 위해 노력한다.

④ 선진국과 개도국을 포함한 모든 국가가 자발적 온실가스 감축목표(NDC)를 5년 단위로 제출하고, 이행하기로 합의한다.

14. 「감염병의 예방 및 관리에 관한 법률」에 따른 세계 보건기구감시대상 감염병에 해당하지 않는 것은?

① 신종인플루엔자
② 폴리오
③ 황열
④ 탄저

15. 감염병의 유행조건으로 옳지 않은 것은?

① 집단인구의 면역성이 높으면 유행이 잘 일어나게 된다.
② 집단인구의 감수성이 높으면 유행이 잘 일어나게 된다.
③ 감염원과 숙주를 연결시키는 전파체가 많이 존재하면 유행이 잘 일어나게 된다.
④ 감염원이 질적·양적으로 충분한 병원체를 내포하면 유행이 잘 일어나게 된다.

16. 국가 암건강검진 시기와 주기가 알맞은 것은?

① 위암 40세 이상의 남·여 1년주기
② 간암 40세 이상의 남·여 중 간암 발생 고위험군 2년주기
③ 유방암 30세 이상의 여성 2년주기
④ 폐암 54세 이상 74세 이하의 남·여 중 폐암 발생 고위험군 2년주기

17. 다음 중 대기오염에 해당하지 않는 것은?

① 러브커낼 사건
② 도노라사건
③ LA스모그
④ 런던스모그

18. 단면조사 연구를 시행하기 적절한 경우는?

① 현재 결핵 유병률 조사에 적합하다.
② 만성질환 발생률 조사에 적합하다.
③ 연구대상이 적은 경우에 적합하다.
④ 드물게 발생하는 질병 연구에 적합하다.

19. 다음 설명에 해당하는 보수지불제도는?

- 의료의 질을 향상시킬 수 있다.
- 의료인의 행위가 비교적 자율적이므로 의료공급자가 가장 선호하는 제도이다.

① 인두제
② 포괄수가제
③ 행위별 수가제
④ 봉급제

20. 어느 지역에서 총 인구는 100,000명, 출생아수는 700명, 총 사망수는 32명, 1년 이내 영아 사망수는 2명이다. 이때 구할 수 있는 지표는?

① 기대여명
② 비례사망지수
③ 영아사망률
④ 주산기사망률

합격해

공중보건

전공모의고사
vol.1

01	02	03	04	05	06	07	08	09	10
②	③	①	②	③	④	②	①	③	④
11	12	13	14	15	16	17	18	19	20
②	④	②	①	③	①	①	③	③	②

01 [난이도 중]

해설

국민건강영양조사
(1) 우리나라를 대표하는 건강조사로 「국민건강증진법」에 근거하여 실시하는 조사이다.
(2) 이 조사를 통해 우리나라 국민의 건강 및 영양상태에 대한 통계를 생산하여 국민건강증진종합계획의 목표 지표의 평가에 활용하고, WHO와 OECD 등 국제기구에 조사결과를 제공한다.
(3) 조사 완료 후 다음 해 11월에 결과를 공표하고, 12월에 해당 홈페이지를 통해 조사결과와 원시자료를 공개한다.
(4) 매년 확률표본으로 추출하여 만 1세 이상 가구원 약 1만명을 조사한다. 대상자의 생애주기별 특성에 따라 소아(1~11세), 청소년(12~18세), 성인(19세 이상)으로 나누어 각 특성에 맞게 조사항목을 적용한다.

02 [난이도 상]

해설

① 요인에 대한 노출은 항상 질병발생에 앞서 있어야 한다. 시간적인 순서만이 아니고 노출과 질병발생 간의 기간도 적절하여야 한다.(시간적 선후 관계)
② 연관성의 강도가 클수록 인과관계일 가능성이 높다는 증거이다. 연관성의 강도만으로 인과관계를 결정지을 수는 없다..
④ 요인에 대한 노출의 정도가 커지거나 작아질 때, 질병 발생 위험도가 이에 따라서 더 커지거나 작아지는 경우 인과관계일 가능성이 커지며 이는 용량-반응관계이다.

03 [난이도 중]

해설

직업병의 일반적인 특성
직업병은 다음과 같은 특성이 있어 진단하기 어렵다.
(1) 열악한 작업환경에 장기간 노출된 후에 발생한다.
(2) 노출 시작과 첫 증상이 나타나기까지 긴 시간적 차이가 있다.
(3) 인체에 대한 영향이 확인되지 않은 신물질(새로운 물질)이 많다.
(4) 임상적 또는 병리적 소견이 일반 질병과 구분하기 어렵다.
(5) 많은 직업성 요인이 비직업성 요인에 상승작용을 일으킨다.
(6) 임상의사가 관심이 적어 이를 간과하거나 직업력을 소홀히 한다.
(7) 보상과 관련이 된다.

04 [난이도 중]

해설

② 의양성인 자에게 불필요한 추가적 진단을 실시하는 것은 집단검진의 단점이다.

집단검진의 장단점
(1) 장점
  ① 비교적 간단한 치료 방법만으로도 치료가 가능함
  ② 예후가 좋음
  ③ 의료비용이 감소함
  ④ 음성 결과자들에게 건강하다는 확신을 제공함
(2) 단점
  ① 의음성인 경우 진단의 시기 놓쳐 병기를 진전시킬 수 있음
  ② 의양성인 경우에 불필요한 진단 과정을 실시함
  ③ 경계군 이상자에 대해 과다하게 치료함
  ④ 검사 방법 자체의 위해 가능성이 있음

05 [난이도 하]

해설

① 금연을 위한 교육 - 1차예방
② 뇌졸중 환자의 재활 - 3차예방
③ 결핵 집단검진 - 2차예방
④ 저염식 제공 - 1차예방

06 [난이도 상]

해설

① 1980년 농어촌 등 보건의료를 위한 특별조치법을 제정하였다.
② 보건의료취약지역에 보건진료소를 설치하였다.
③ 우리나라의 일차보건의료의 핵심적인 역할은 대부분 지역보건소가 담당하고 있다.

우리나라의 일차보건의료
(1) 후속조치
  ① 1980년 농어촌 등 보건의료를 위한 특별조치법 제정(보건진료원, 보건진료소 설치, 공중보건의 배치)
  ② 학교보건사업, 산업보건사업, 건강한 도시 가꾸기 사업 등에 일차보건의료사업 접근법이 사용되었다.
(2) 문제점
  ① 우리나라는 일차보건의료의 개념을 받아들이면서 일차보건의료를 민간의료부문의 보충적 역할로서 도입하였다.
  ② 예방서비스보다는 진료 또는 치료위주의 서비스 공급이 이루어져 포괄적인 보건의료서비스 제공이라는 원래의 일차보건의료 철학은 무너지게 되었다.
(3) 일차보건의료 활동
  ① 우리나라의 일차보건의료의 핵심적인 역할은 대부분의 지역보건소가 담당하고 있다.
  ② 보건의료원 등장, 보건지소에 보건요원 배치
  ③ 1995년 기존의 보건소법이 지역보건법으로 대폭 개정되면서 지역보건의료계획을 수립하고 일차보건의료의 체계적인 구축을 할 수 있는 여건은 갖추어졌다.
  ④ 건강도시 사업을 추진하고 있다.

07 [난이도 상]

해설

본인일부부담제도

(1) **정률부담제(정률제)**: 보험자가 의료비의 일정 비율만을 지불하고 본인이 나머지 부분을 부담하는 방식이다.

(2) **일정금액공제제**: 의료비가 일정 수준에 이르기까지는 전혀 보험급여를 해 주지 않아 일정액까지는 피보험자가 그 비용을 지불하고, 그 이상의 비용만 보험급여로 인정하는 것이다.

(3) **급여상한제**: 보험급여의 최고액을 정하여 그 이하의 의료비에 대해서는 보험급여를 적용해 주고 초과하는 의료비에 대해서는 의료서비스 이용자가 부담하는 방식이다.

(4) **정액부담제**: 의료이용의 내용과 관계없이 이용하는 의료서비스 건당 일정액만 의료서비스 이용자가 부담하고 나머지는 보험자가 부담하는 방식이다.

(5) **정액수혜제**: 의료서비스 건당 일정액만 보험자가 부담하고 나머지는 환자가 지불하는 방식이다.

08 [난이도 하]

해설

① 여름철 실내온도(냉방온도): 26~28℃
② 습도: 30~80%
③ 1인당 환기량: 시간당 21.6㎥ 이상
④ 조도: 300Lux 이상

09 [난이도 상]

해설

③ 개도국을 포함한 모든 국가가 자발적 온실가스 감축목표(NDC)를 제출하고 이행하기로 합의하였다.

2015년 파리 기후변화협약(제21차 유엔 기후변화협약 COP21)

(1) 세계 195개국 정부 대표들이 프랑스 파리에 모여 2015년 12월 12일 폐막한 유엔기후변화협약 당사국 총회에서 온실가스를 줄이는 데 합의한 신(新) 기후체제인 파리협정을 만장일치로 채택하였다.

(2) 파리협정은 2020년 말 교토의정서가 만료되는 직후인 2021년 1월부터 적용되며 파리협정의 주요내용은 다음과 같다.
  ① 기후변화 대응을 위해 선진국과 개도국 모두 참여한다.
  ② 지구 평균 기온 상승을 산업화 이전 대비 2도보다 훨씬 낮은 수준으로 유지하고, 1.5도로 제한하기 위해 노력한다.
  ③ 개도국을 포함한 모든 국가가 자발적 온실가스 감축목표(NDC)를 5년 단위로 제출하고, 이행하기로 합의한다.
  ④ 기여방안을 의무 제출하되, 이행은 각 국이 자체 노력한다(제재조치 없음).

10 [난이도 중]

해설

질병의 유행이 일어나지 않기 위한 집단면역의 비율

$$p \geq \frac{R0-1}{R0} \times 100 = \frac{15-1}{15} \times 100 = 93.3\%$$

즉, 집단면역이 93.3% 이상이면 유행이 일어나지 않는다.

11 [난이도 중]

해설

제2급 감염병은 발생 또는 유행 시 <u>24시간 이내에 신고하여야</u> 한다.

법정감염병

(1) "제1급 감염병"이란 생물테러감염병 또는 치명률이 높거나 집단 발생의 우려가 커서 발생 또는 유행 즉시 신고하여야 하고, 음압격리와 같은 높은 수준의 격리가 필요한 감염병이다.

(2) "제2급 감염병"이란 전파가능성을 고려하여 발생 또는 유행 시 24시간 이내에 신고하여야 하고, 격리가 필요한 감염병이다.

(3) "제3급 감염병"이란 그 발생을 계속 감시할 필요가 있어 발생 또는 유행 시 24시간 이내에 신고하여야 하는 감염병이다.

(4) "제4급 감염병"이란 제1급 감염병부터 제3급 감염병까지의 감염병 외에 유행 여부를 조사하기 위하여 표본감시 활동이 필요한 감염병이다.

12 [난이도 하]

해설

런던스모그의 주요 원인물질은 아황산가스(SO_2)이었다.

13 [난이도 하]

해설

독미나리 – cicutoxin
독버섯 – muscarine

14 [난이도 상]

해설

① 산전관리는 사산율, 주산기 사망률, 저체중 출생아와 미숙아 출산율, 선천성 기형아 출산율등을 감소시키는데 크게 기여한다. 영아사망의 주요원인은 보건수준, 환경위생등 외인성 요인이기 때문에 산전관리가 아닌 분만 후 영아에 대한 보건을 통해 관리할 수 있다.

② 산전 관리 횟수(「모자보건법 시행규칙」 제5조 별표 1)
  • 임신 초기부터 7개월(28주)까지: 4주마다 1회
  • 임신 8개월(29주)에서 9개월(36주)까지: 2주마다 1회
  • 9개월(37주) 이후부터 분만 시까지: 1주마다 1회

③ 「모자보건법 시행규칙」 제5조 별표 1에 따른 미숙아 건강진단 실시기준
  • 분만의료기관 퇴원 후 7일 이내에 1회
  • 1차 건강진단 시 건강문제가 있는 경우에는 최소 1주에 2회
  • 발견된 건강문제가 없는 경우에는 영유아 기준에 따라 건강진단을 실시한다.

④ 「모자보건법 시행규칙」 제5조 별표 1에 따른 영유아 건강진단 실시기준
  • 출생 후 1년 이내: 1개월마다 1회
  • 출생 후 1년 초과 5년 이내: 6개월마다 1회

15 [난이도 중]

해설

③ 행동역량(behavioral expectations)은 어떤 행동을 수행하기 위해서는 그 행동이 무엇인지, 그것을 수행할 수 있는지(기술) 아는 것이다. 이는 훈련, 지적 능력, 학습 방법의 결과로 나타난다. 강화는 바람직한 행동을 유지 혹은 더욱 잘 하도록 하는 것이다.

16 [난이도 하]

해설

인간의 발달단계

(1) **영유아기**
① 모친의 영향을 받아 장래의 인격 형성을 좌우하는 기초가 성립되는 시기이므로 정신보건관리상 중요한 시기이다.
② 욕구불만을 스스로 해결할 수 없는 시기이기 때문에 생리적 욕구나 신체적 활동의 제한 등을 사전에 제거해주는 노력이 필요하다.

(2) **학령기**
① 입학과 동시에 가정과는 다른 환경 속에서 새로운 영향을 받게 되는 시기로서, 인격 형성에 큰 영향을 받는 시기이다.
② 학령기 정신관리를 위해서는 ⓐ 학생과 학생, 학생과 교사 간의 인간관계의 불만 문제, ⓑ 교과과정에 대한 부적응 문제, ⓒ 경쟁과 규범에 대한 갈등 문제, ⓓ 학생의 학교생활 분위기와 수업 분위기에 대한 부적응 문제, ⓔ 학부모의 학업에 대한 지나친 간섭의 문제 등을 해결하기 위한 노력이 필요하다.

(3) **청년기**
① 정신적 격동기로서 인생의 전환기라고도 할 수 있다.
② 반항 의식과 불의에 대한 저항의식 등이 많은 시기로서, 정신장애가 가장 빈발하는 시기이다.
③ 정신건강 관리를 위해서는 ⓐ 물리적이고 억압적인 접근보다는 논리적인 접근으로 이해를 돕도록 하여야 하며, ⓑ 사실에 입각하여 정확한 비판과 판단을 할 수 있도록 도와주고 협력하는 것이 필요하다.

(4) **중년 및 노년기**
① 육체적으로는 퇴행성 변화가 있는 시기로서 정신적으로 변혁이 일어나기 쉬운 시기이다.
② 정신적으로 소극적 자세를 갖기 쉽고, 삶의 가치에 대한 갈등이 있을 수 있으며, 삶에 대한 불안이 싹틀 수 있어서 우울증, 신경증이 생길 수 있다.
③ 노년기에는 ⓐ 경제생활의 위축 문제, ⓑ 건강장애 문제, ⓒ 사회나 가정으로부터 소외 문제 등이 심리적 장애요인으로 작용하기 때문에 노년의 심리적 약화를 이해와 협력으로 대하고, 늘 격려하고, 생활 참여의 기회 부여 등 세심한 관심을 필요로 하며, 어린시기와 같은 배려도 필요한 시기이다.

17 [난이도 중]

해설

의료서비스의 질 관리

(1) **구조적 접근**: 의료기관신임제도, 면허와 자격인증제도
(2) **과정적 접근**: 의료이용도 조사(UR), 의료감사, 임상진료지침, 동료심사, 보수교육, 전문가표준검토기구
(3) **결과적 접근**: 병원사망률, 이환율, 재발율, 회복율, 합병증발생률, 환자만족도

18 [난이도 하]

해설

벤젠은 0.01mg/L를 넘지 아니하여야 한다.

19 [난이도 중]

해설

① 완속사여과법은 보통침전법, 급속사여과법은 약품침전을 적용한다.
② 급속사여과법의 생물막 제거법은 역류세척이고 완속사여과법의 생물막 제거법은 사면대치이다.
③ 완속사여과법은 건설비가 많이들고 유지비가 적게드는 반면 급속사여과법은 건설비가 적게들고 유지비가 많이 든다.
④ 급속사여과법의 세균제거율은 95~98%이고 완속사여과법의 세균제거율은 98~99%이다.

20 [난이도 중]

해설

변수의 측정 수준에 따른 분류

	내용	예
명목 변수	특성을 이름으로 구별하는 변수	성별(남, 여)
서열 변수	특성의 상대적 크기에 따라 순서로서 구분할 수 있는 변수	경제적 수준(상, 중, 하) 교육 수준(초졸, 중졸, 고졸, 대졸)
간격 변수	특성의 양에 따른 차이를 수량화할 수 있는 변수	온도(체온), 지능지수
비율 변수	특성의 값에 대해 몇 배의 관계가 있는가를 수량화할 수 있는 변수	키, 체중

제2회 최종 모의고사

01	02	03	04	05	06	07	08	09	10
④	①	④	②	③	②	③	③	①	④
11	12	13	14	15	16	17	18	19	20
④	①	②	③	③	④	④	④	①	②

01 [난이도 상]

해설

① 치명률은 어떤 질병에 이환된 환자 수 중에서 그 질병으로 인한 사망자 수이다.

② 생명표는 생존자와 사망자의 비율과 생존할 수 있는 수명이 어떻게 되는가를 표시하는 것이다.

③ 비례사망률은 인구집단을 바탕으로 산출한 것이 아니므로 인구집단의 조사망률에 따라 영향을 크게 받기 때문에 특정원인의 사망위험을 비교하는 목적으로 사용해서는 안 된다.

02 [난이도 중]

해설

바람직한 의료의 구성 요소(미국의학한림원)

(1) **효과성**: 예방서비스, 진단적 검사 등의 개입 조치가 다른 대안들에 비해 더 나은 결과를 가져올 것인지의 여부에 대해 근거를 바탕으로 의료를 제공해야 한다.

(2) **안전성**: 이용자를 위험하게 하거나 손상을 일으키지 않아야 한다.

(3) **환자 중심성**: 환자 개개인의 선호, 필요 및 가치를 존중하고 그에 반응하는 방식으로 보건의료가 제공되고, 환자의 가치에 따라 모든 임상적 결정이 이루어지도록 해야 한다.

(4) **적시성**: 대기 시간 단축, 제공자와 이용자 모두 불필요한 보건의료 제공 지연 감소, 적시조치가 필요한 질환에서 더 중요하다.

(5) **효율성**: 보건의료 제공에 사용되는 자원, 시간 등의 단위 투입 요소 당 산출량을 말한다.

(6) **형평성**: 소득이나 지역에 따른 불평등이 없어야 한다.

03 [난이도 상]

해설

중동호흡기증후군(SARS)은 전염력이 높은 중증의 새로운 감염병으로 21세기 들어서 공식적으로 기록된 첫 신종감염병이다. 사스는 2003년 2월 세계보건기구에 첫 보고된 이후 불과 수 개월 만에 세계 30여 개 국가로 확산되었고, 2003년 7월 유행이 일단락되기까지 세계적으로 막대한 경제적 손실과 심리적 공황상태를 야기하였다. 사스는 특히 처음에 병원을 중심으로 유행이 쉽게 일어났으며 전체 환자의 약 1/5이 병원에서 일하는 의료인이었다. 사스의 잠복기 평균 4~6일이며 최대잠복기는 10일이다.

04 [난이도 상]

해설

① 지표수는 하천수, 호수, 저수지수 등을 말하며 용수 및 상수원수로 가장 많이 이용되고 있다. 지표를 흐르기 때문에 지하수에 비해 용존산소가 많고 지하수에 비해 Mg, Ca 등이 적어 알칼리도 및 경도가 낮다. 수온은 계절 변화가 크다.

② 천수는 지표나 해양 등에서 증발한 수증기가 응결하여 떨어진 것이다. 이 물 자체는 일종의 증류수로 불순물을 함유하지 많아 순수하지만 강하하는 도중에 공기 중의 여러 가지 불순물을 함유하거나 불용성의 분진, 미생물 등을 함유하게 된다.

③ 지하수는 천수나 지표수가 지하에 침투하여 대수층에 저장된 것으로 유기물, 미생물이 적고 탁도는 낮으나 경도가 높다.

④ 복류수는 지하수 중에서 하천의 밑부분이나 자갈, 모래 등에 침투하여 존재하는 것으로 지표수보다 탁도가 낮다.

05 [난이도 상]

해설

주요 방사선 피폭원

(1) **자연방사선**

① 대지로부터 나오는 방사선: 주로 라돈에 의해 알파선과 베타선에 의한 폐 피폭이 일어남.

② 체내 방사성 물질로부터의 방사선: 주 피폭원은, K-40(자연감마선)

③ 우주선: 태양과 다른 별들로부터 날아온 방사선으로 주로 양성자들. 대기층에 들어와 기체와 반응하여 중간자, 전자선, 감마선 등을 생성. 높은 고도를 비행하는 경우에 우주선에 피폭될 수 있다.

(2) **인공방사선**

① 의료행위에서 피폭: 진단 및 치료 행위의 결과로 피폭.

② 방사성 낙진: 핵무기 실험으로 인해 공기 중에 다양한 방사성 핵종이 유출됨.

③ 기타 발생원: 인산비료, 건축재료, 원자력발전소 부산물 등

(3) **피폭 위험 직업**: 방사선사, 우라늄 광업 종사자, 원자력 및 핵산업 종사자, 의사, 치과의사, 의료종사자 등

06 [난이도 하]

해설

HACCP 7원칙

(1) **위해요소 분석(Hazard Analysis)**

위해요소를 분석하고 예방책을 식별하는 단계로 중대한 위해가 발생할 수 있는 공정의 단계를 열거하고, 각 단계별로 모든 잠재적인 생물학적 · 화학적 · 물리적 위해요소를 분석한다.

(2) **중요 관리점(CCP) 설정**

CCP는 제품별 · 공정별로 식별될 수 있도록 설정하고, 관리가 가능하여야 한다.

(3) **허용 한계 기준(CL) 설정**

CL은 모든 CCP에 적용되어야 하고 타당성이 있어야 하며 확인(Validation)되어야 하고, 또 측정 가능해야 한다.

(4) **모니터링(Monitoring) 설정**
   CL이 각 CCP에 준수되는지 모니터링하는 시스템을 수립하는 단계이다.

(5) **개선 조치(Corrective Action) 설정**
   모니터링 결과가 관리를 벗어났을 때 시정 조치를 하는 단계이며, 여기에는 즉시적 조치와 예방적 조치가 있다.

(6) **검증(Verification) 설정**
   위해의 발생 방지를 위해 HACCP 계획이 정확하고, 효과적으로 기능하는 것을 정기적으로 내부 및 외부 검증이 이루어져야 한다.

(7) **기록(Record) 보관 및 문서화시스템 설정**
   기록 유지 절차를 수립하는 단계이다.

07 [난이도 중]

해설

세계보건기구 임신 기간에 따른 분만의 분류
(1) 37주 미만 출생아: 조산아(Premature Infant or Pre-term Infant)
(2) 37주 이상 42주 미만 출생아: 정상 기간 출생아(Term Infant)
(3) 42주 이상 출생아: 과숙출생아(Post-term Infant)

08 [난이도 중]

해설

보건교육 평가도구가 갖추어야 할 조건
(1) **타당도**: 평가항목이 측정하고자 하는 내용 자체를 측정하는 정도를 의미한다.
(2) **신뢰도**: 평가도구가 평가대상을 얼마나 잘 평가하고 있느냐, 즉 평가하고자 하는 내용을 얼마나 오차없이 측정하는가의 정도를 의미한다.
(3) **객관도**: 평가를 위해 작성된 도구로 여러 교육자에 의해 평가받았을 때, 평가들 간의 일치 정도를 의미하는 것으로 채점자 신뢰도라고도 한다.
(4) **실용성**: 교육자, 학습자 모두가 평가를 수행함에 있어서 실제적으로 편리하고, 시간적으로 제약이 없으며 간편하게 평가할 수 있는 등 현실에서도 평가를 수행하기가 좋도록 비용, 시간, 노력이 투입되는 적합성의 정도를 뜻한다.

09 [난이도 중]

해설

사회서비스의 특징
(1) 특정 범주에 있는 모든 사람이 대상이 된다.
(2) 소득에 관계없이 지원한다.
(3) 국가나 지방자치단체에서 직접 서비스를 제공한다.
(4) 사회보험이나 공공부조가 현금급여 또는 현물급여인 반면, 사회복지서비스는 상담, 재활, 지도 등과 같은 비물질적, 사회·심리적, 정신적 서비스의 급여를 제공한다. 따라서 전달자의 전문적인 지식과 기술, 윤리가 중요한 역할을 한다.
(5) **개별적 처우 실시**: 사회보험이나 공공부조가 가입기간, 소득, 재산 등과 같은 기준에 따라 획일적으로 수급권자를 처우하는 데 반해, 사회복지서비스는 대상자에 따라 그 정도의 차이가 있다.

10 [난이도 중]

해설

건수율 또는 발생률(천인율, Incidence Rate)
근로자 1,000명당 재해 발생 건수로 산업재해 발생 상황을 총괄적으로 파악하는 데 도움을 준다. 분모에 있어서 작업 시간이 고려되지 않은 것이 단점이다.

$$건수율 = \frac{재해\ 건수}{평균\ 근로자\ 수} \times 1,000$$

11 [난이도 중]

해설

- **층화무작위추출(Stratified Random Sampling)**
  모집단을 성, 나이 등의 층으로 구분하고 각 층에서 단순무작위추출법에 따라 표본을 추출하는 방법
- **비례층화추출**
  각 층으로부터 단순무작위추출을 할 때 표본의 - 크기를 각 층의 크기에 따라 비례적으로 정함
- **비비례층화추출**
  각 층의 크기와 무관하게 표본을 추출하는 것

12 [난이도 하]

해설

존그랜트(John Graunt, 영국, 1620~1674)
『사망표에 관한 자연적, 정치적 제 관찰』이라는 사망통계에 관한 책을 저술하였다(1662년). 그 당시 산업발전을 위한 건강한 노동력의 확보가 중요했고, 질병이나 사망에 의한 노동력의 손실은 국가적 및 경제적 차원에서 중대한 문제였기 때문에 모든 국민의 효율적인 건강관리를 위한 보건문제에 큰 관심을 갖게 되었다.

파르(Farr, 1807~1883)
영국 통계국에서 파르에 의하여 공중보건 활동의 나침반이라 할 수 있는 인구동태의 등록제가 확립되었다.

13

해설

① 에볼라바이러스병(1급 감염병) - 두창(1급 감염병) - 탄저(1급 감염병) - 디프테리아(1급 감염병)
③ 야토병(1급 감염병) - 큐열(3급 감염병) - 뎅기열(3급 감염병) - 매독(3급 감염병)
④ 웨스트나일열(3급 감염병) - 결핵(2급 감염병) - 일본뇌염(3급 감염병) - 임질(4급 감염병)

14 [난이도 중]

해설

암 예방을 위한 국민암 예방수칙
(1) 담배를 피우지 말고, 남이 피우는 담배연기도 피하기
(2) 채소와 과일을 충분하게 먹고, 다채로운 식단으로 균형잡힌 식사하기

(3) 음식을 짜지 않게 먹고, 탄 음식을 먹지 않기
(4) 암 예방을 위하여 하루 한두 잔의 소량 음주도 피하기
(5) 주 5회 이상, 하루 30분 이상, 땀이 날 정도로 걷거나 운동하기
(6) 자신의 체격에 맞는 건강 체중 유지하기
(7) 예방접종 지침에 따라 B형간염과 자궁경부암 예방접종 받기
(8) 성 매개 감염병에 걸리지 않도록 안전한 성 생활 하기
(9) 발암성 물질에 노출되지 않도록 작업장에서 안전보건수칙 지키기
(10) 암 조기 검진지침에 따라 검진을 빠짐없이 받기

15

해설

	활성오니법	살수여상법
장점	• 미생물 제어가 쉽고, 제거효율이 높다. • 처리면적이 작아도 용이하다. • 대도시 처리 방법	• 폭기에 동력이 필요 없다. • 건설비와 유지비가 적게 든다. • 운전이 간편하다. • 폐수의 수질이나 수량의 변동에 덜 민감하다. • 온도에 의한 영향을 적게 받고 특히 저온에서도 가능하다. • 벌킹(bulking)의 문제가 없다.
단점	• 슬러지 발생량이 많다. • 벌킹(bulking)이 발생한다. • 건설비 · 유지관리비가 많이 든다. • 숙련된 운전이 필요하다. • 온도의 영향을 많이 받는다.	• 여상의 폐색이 잘 일어난다. • 냄새가 발생하기 쉽다. • 여름철 파리 발생의 문제가 있다. • 겨울철에는 동결문제가 있다. • 미생물막의 탈락으로 처리수가 악화되는 수가 있다. • 수두손실이 크다.

16 [난이도 중]

해설

- **신뢰도**: 검사를 반복하였을 때 비슷한 검사 결과가 얻어지는지를 의미하는 개념으로, 검사 결과의 정확성의 전제 조건은 검사의 신뢰도이다.
- **신뢰도 측정방법**: 일치율, 카파통계량, 상관계수

17 [난이도 하]

해설

장기요양급여의 종류

(1) 재가급여
① 방문요양: 장기요양요원이 수급자의 가정 등을 방문하여 신체활동 및 가사활동 등을 지원하는 장기요양급여

② 방문목욕: 장기요양요원이 목욕설비를 갖춘 장비를 이용하여 수급자의 가정 등을 방문하여 목욕을 제공하는 장기요양급여
③ 방문간호: 장기요양요원인 간호사 등이 의사, 한의사 또는 치과의사의 지시서(이하 "방문간호지시서"라 한다)에 따라 수급자의 가정 등을 방문하여 간호, 진료의 보조, 요양에 관한 상담 또는 구강위생 등을 제공하는 장기요양급여
④ 주 · 야간보호: 수급자를 하루 중 일정한 시간 동안 장기요양기관에 보호하여 신체활동 지원 및 심신기능의 유지 · 향상을 위한 교육 · 훈련 등을 제공하는 장기요양급여
⑤ 단기보호: 수급자를 보건복지부령으로 정하는 범위 안에서 일정 기간 동안 장기요양기관에 보호하여 신체활동 지원 및 심신기능의 유지 · 향상을 위한 교육 · 훈련 등을 제공하는 장기요양급여
⑥ 기타재가급여: 수급자의 일상생활 · 신체활동 지원 및 인지기능의 유지 · 향상에 필요한 용구를 제공하거나 가정을 방문하여 재활에 관한 지원 등을 제공하는 장기요양급여로서 대통령령으로 정하는 것
(2) **시설급여**: 장기요양기관에 장기간 입소한 수급자에게 신체활동 지원 및 심신기능의 유지 · 향상을 위한 교육 · 훈련 등을 제공하는 장기요양급여
(3) **특별현금급여**: 가족요양비, 특례요양비, 요양병원간병비

18 [난이도 상]

해설

행위별수가제에 대한 설명이다.

행위별수가제는 진료에 소요된 약제 또는 재료비를 별도로 산정하고 의료인이 제공한 진료행위의 하나하나에 일정한 값을 정하여 의료비를 지급토록 하는 제도로 의료인이 제공한 시술내용에 따라 값을 정하여 의료비를 지급하는 것으로서 전문의의 치료방식에 적합하다.
① 행정비용이 감소한다. → 의료비 청구 · 심사 · 지불의 복잡해서 간접비용이 증가된다.
② 예상사업에 소홀한 것이 단점이다.
③ 의료인 수입의 평준화를 유도할 수 있다. —인두제의 특징

19 [난이도 하]

해설

수용성비타민은 매일 필요량을 공급하지 못하면 결핍증세가 비교적 신속히 나타난다.

특성	지용성 비타민	수용성 비타민
용해도	기름과 유지 용매에 용해	물에 용해
흡수와 이송	지방과 함께 흡수, 임파계를 통해 이송	당질, 아미노산과 함께 소화 · 흡수, 문맥순환으로 들어감(간)
방출	담즙을 통하여 체외로 서서히 방출되나 좀처럼 방출되지 않음	뇨(尿)를 통해 빠르게 방출

저장	간 또는 지방조직에 저장	신체는 스펀지같이 일정한 양을 흡수하면 초과량은 저장하지 않음
공급	필요량을 매일 절대적으로 공급할 필요성 없음	매일 필요량을 절대적으로 공급
전구체	비타민의 전구체 존재	일반적으로 전구체가 존재하지 않음(니아신은 예외)
조리 시 손실	산화를 통하여 약간 손실이 일어날 수 있음	조리손실이 큼
결핍	결핍 증세 서서히 나타남	매일 필요량을 공급하지 못하면 결핍 증세가 비교적 신속히 나타남
구성 원소	수소(H), 산소(O), 탄소(C)	수소(H), 산소(O), 탄소(C), 질소(N), 황(S), 코발트(Co) 등
비타민 종류	비타민 A, D, E, F, K	비타민 B, C, M(폴릭산, Folic Acid)

20 [난이도 상]

해설

휘발성유기화합물(VOCs)

(1) 휘발성유기화합물은 벤젠, 클로로포름, 메탄올, 사염화탄소, 포름알데하이드 등 다양한 물질들을 포함하고 있다.

(2) 질소산화물과 마찬가지로 오존의 전구물질인 동시에 자체로 호흡기에 자극증상을 일으키며 두통 등 비특이적인 증상을 유발하기도 한다.

(3) 휘발성유기화합물은 페인트 등 유기용제를 다루는 과정이나, 자동차 배기가스, 그리고 주유소에서 연료를 넣을 때도 상당량 배출될 수 있다.

(4) 휘발성유기화합물은 나무나 풀 같은 식물에서도 배출되는데 특히 기온이 높을 때 더욱 많이 배출된다.

제3회 최종 모의고사

01	02	03	04	05	06	07	08	09	10
①	①	②	②	④	②	①	③	③	④
11	12	13	14	15	16	17	18	19	20
③	④	①	①	③	③	④	②	②	④

01 [난이도 중]

해설

① 1차 보건의료는 과학적 방법으로 지역사회가 수용할 수 있어야 한다.

알마아타 선언의 내용

• 1차 보건의료는 과학적 방법으로 지역사회가 수용할 수 있어야 한다.

• 주민의 적극적인 참여 속에 개개인이나 가족 단위의 모든 주민이 쉽게 이용할 수 있어야 한다.

• 국가나 지역사회가 재정적으로 부담이 가능한 방법이어야 한다.

• 국가의 보건의료 체계상 핵심으로써 지역사회 개발 정책의 일환으로 유지되어야 한다.

• 1차 보건의료는 질병의 치료나 예방 활동, 신체적 · 정신적 건강 증진과 사회적 안녕 및 생활의 질적 향상을 실현할 수 있어야 한다.

02 [난이도 중]

해설

식품위생법에 따른 정의(「식품위생법」 제2조)

(1) "식품"이란 모든 음식물(의약으로 섭취하는 것은 제외한다)을 말한다.

(2) "식품첨가물"이란 식품을 제조 · 가공 · 조리 또는 보존하는 과정에서 감미(甘味), 착색(着色), 표백(漂白) 또는 산화방지 등을 목적으로 식품에 사용되는 물질을 말한다. 이 경우 기구(器具) · 용기 · 포장을 살균 · 소독하는 데에 사용되어 간접적으로 식품으로 옮아갈 수 있는 물질을 포함한다.

(3) "화학적 합성품"이란 화학적 수단으로 원소(元素) 또는 화합물에 분해 반응 외의 화학 반응을 일으켜서 얻은 물질을 말한다.

(4) "기구"란 다음 각 목의 어느 하나에 해당하는 것으로서 식품 또는 식품첨가물에 직접 닿는 기계 · 기구나 그 밖의 물건(농업과 수산업에서 식품을 채취하는 데에 쓰는 기계 · 기구나 그 밖의 물건 및 「위생용품 관리법」 제2조제1호에 따른 위생용품은 제외한다)을 말한다.

① 음식을 먹을 때 사용하거나 담는 것

② 식품 또는 식품첨가물을 채취 · 제조 · 가공 · 조리 · 저장 · 소분[(小分): 완제품을 나누어 유통을 목적으로 재포장하는 것을 말한다. 이하 같다] · 운반 · 진열할 때 사용하는 것

(5) "용기 · 포장"이란 식품 또는 식품첨가물을 넣거나 싸는 것으로서 식품 또는 식품첨가물을 주고받을 때 함께 건네는 물품을 말한다.

(6) "위해"란 식품, 식품첨가물, 기구 또는 용기·포장에 존재하는 위험요소로서 인체의 건강을 해치거나 해칠 우려가 있는 것을 말한다.

(7) "식품위생"이란 식품, 식품첨가물, 기구 또는 용기·포장을 대상으로 하는 음식에 관한 위생을 말한다.

03 [난이도 하]

해설

$$노령화지수 = \frac{65세 \ 이상 \ 인구(노년인구)}{14세 \ 이하 \ 인구(유년인구)} \times 100$$

① (노년인구 + 유년인구)/생산층 인구×100 = 총부양비

③ 노년인구/생산층 인구×100 = 노년부양비

04 [난이도 상]

해설

① 간접법은 표준인구의 특수사망률이 필요하다.

③ 집단별 인구수가 적어서 사망률이 안정되지 않으면 간접법을 사용한다.

④ 표준화사망비(SMR, standardized mortality ratio)는 간접법에서 사용되는 지표이다.

율의 표준화

(1) **직접법(직접표준화법)**

① 표준인구를 택하여 이 표준인구가 나타내는 연령분포를 비교하고자 하는 군들의 연령별 특수사망률에 적용하는 방법

② 필요 요소: 표준인구 인구 구성, 비교집단의 연령별 특수사망률

③ 표준인구는 두 집단의 인구를 합하여 만들 수 있다. 또한, 국가 간 보건지표를 비교할 때는 세계보건기구가 만든 세계표준인구를 사용할 수도 있고, 해당 국가 전체인구의 연령별 인구수를 사용할 수도 있다.

(2) **간접법(간접표준화법)**

① 비교하고자 하는 한 군의 연령별 특수사망률을 알 수 없거나, 대상인구수가 너무 적어서 안정된 연령별 특수사망률을 구할 수 없는 경우에 간접법을 사용한다.

② 필요 요소: 표준인구의 연령별 특수사망률, 비교집단의 연령별 인구 구성

③ 표준화사망비(SMR; Standardized Mortality Ratio)를 구하여 계산한다.

$$표준화사망비 = \frac{집단에서 \ 관찰된 \ 총사망수}{집단의 \ 예상되는 \ 총기대사망수}$$

05 [난이도 하]

해설

① 렙토스피라증 – 들쥐

② 파라티푸스 – 파리

③ 사상충증 – 모기

④ 황열 – 모기

06 [난이도 상]

해설

② 학교의 장은 교육부령으로 정하는 바에 따라 매년 교직원을 대상으로 심폐소생술 등 응급처치에 관한 교육을 실시하여야 한다.

> **학교 응급처치교육 「학교보건법」 제9조의2(보건교육 등)**
>
> ① 교육부장관은 「유아교육법」 제2조제2호에 따른 유치원 및 「초·중등교육법」 제2조에 따른 <u>학교에서 모든 학생들을 대상으로 심폐소생술 등 응급처치에 관한 교육을 포함한 보건교육을 체계적으로 실시하여야 한다.</u> 이 경우 보건교육의 실시 시간, 도서 등 그 운영에 필요한 사항은 교육부장관이 정한다.
>
> ② 「유아교육법」 제2조제2호에 따른 유치원의 장 및 「초·중등교육법」 제2조에 따른 <u>학교의 장은 교육부령으로 정하는 바에 따라 매년 교직원을 대상으로 심폐소생술 등 응급처치에 관한 교육을 실시하여야 한다.</u>
>
> ③ 「유아교육법」 제2조제2호에 따른 유치원의 장 및 「초·중등교육법」 제2조에 따른 <u>학교의 장은 제2항에 따른 응급처치에 관한 교육과 연관된 프로그램의 운영 등을 관련 전문기관·단체 또는 전문가에게 위탁할 수 있다.</u>
>
> **「학교보건법 시행규칙」 10조(응급처치교육 등)**
>
> ① 학교의 장이 법 제9조의2제2항에 따라 교직원을 대상으로 심폐소생술 등 응급처치에 관한 교육(이하 "응급처치교육"이라 한다)을 실시하는 경우 응급처치교육의 계획·내용 및 시간 등은 별표 9와 같다.
>
> ② <u>학교의 장은 응급처치교육을 실시한 후 해당 학년도의 교육 결과를 다음 학년도가 시작되기 30일 전까지 교육감에게 제출하여야 한다.</u>
>
> ③ 학교의 장은 공공기관, 「고등교육법」 제2조에 따른 학교, 「교원 등의 연수에 관한 규정」 제2조제2항의 연수원 중 교육감이 설치한 연수원 또는 의료기관에서 교직원으로 하여금 응급처치교육을 받게 할 수 있다. 이 경우 예산의 범위에서 소정의 비용을 지원할 수 있다.

> **[별표 9]**
>
> **응급처치교육의 계획·내용 및 시간 등(제10조제1항 관련)**
>
> 1. 응급처치교육의 계획 수립 및 주기
>
> 가. 학교의 장은 매 학년도 3월 31일까지 응급처치교육의 대상·내용·방법 및 그 밖에 필요한 사항을 포함하여 해당 학년도의 응급처치교육 계획을 수립해야 한다.
>
> 나. 학교의 장은 교육계획을 수립하는 경우에는 모든 교직원이 매 학년도 교육을 받을 수 있도록 해야 한다. 다만, 해당 학년도에 다른 법령에 따라 심폐소생술 등 응급처치와 관련된 내용이 포함된 교육을 받은 교직원에 대해서는 응급처치교육을 면제할 수 있다.

2. 응급처치교육의 내용 · 시간 및 강사

	내용	시간	강사
가. 이론 교육	1) 응급상황 대처 요령 2) 심폐소생술 등 응급처치 시 주의사항 3) 응급의료 관련 법령	2 시 간	가) 의사(응급의학과 전문의 를 우선 고려해야 한다) 나) 간호사(심폐소생술 등 응 급처치와 관련된 자격을 가진 사람으로 한정한다) 다) 「응급의료에 관한 법률」 제36조에 따른 응급구조 사 자격을 가진 사람으로 서 응급의료 또는 구조 · 구급 관련 분야(응급처치 교육 강사 경력을 포함한 다)에서 5년 이상 종사하 고 있는 사람
나. 실습 교육	심폐소생술 등 응급처치	2 시 간	

※ 비고
1. 교육 여건 등을 고려하여 응급처치교육의 내용 · 시간을 조정
할 수 있으나 실습교육 2시간을 포함하여 최소 3시간 이상을
실시해야 한다.
2. 심폐소생술에 대한 전문지식을 갖춘 사람을 실습교육을 위한
보조강사로 할 수 있다.

07 [난이도 중]

해설

① 지구온난화의 원인이 되는 태양광선은 적외선이다.

자외선(Ultra Violet): 2,000~4,000 Å
(1) 자외선은 눈에 보이지 않는 태양의 복사에너지이며, 가시광선
과 전리방사선 사이의 200~400nm대의 파장을 가지는데 주
파수에 따라 3가지 대역으로 나뉜다.
(2) 이중 UV−B를 Dorno선이라고 하고, 소독작용, 비타민 D 생
성, 피부색소반응 등 생물학적 활성을 나타내며 피부나 눈에
유해작용을 일으킨다.

자외선 영역	파장(Å)	생물학적 작용
근자외선(UV−A)	3,200~4,000	혈액재생, 신진대사 촉진
중자외선(UV−B, Dorno선, 건강선, 생명선)	2,800~3,200	Vitamin D 생성, 홍반, 색 소침착, 피부 비후, 피부암, 각막염, 결막염
원자외선(UV−C)	2,800~이하	살균, 각막염, 결막염, 피부암

08 [난이도 중]

해설

열탈진(열허탈증 · 열피로 · 열피비, Heat Exhaustion)의 발생기전
땀을 많이 흘린 후 부적절한 염분과 수분 보충과 함께 발한에 의
한 탈수와 피부혈관 확장으로 인한 순환 부족과 저혈압이 주된
원인이다. 주로 고온작업장에서 중노동에 종사하는 미숙련공에게
많이 발생한다.

09 [난이도 중]

해설

정책과정의 참여자
(1) **공식적 참여자**: 국회, 대통령과 대통령실 보좌진, 행정기관과
관료, 사법부, 지방정부 등
(2) **비공식적 참여자**: 정당, 이익집단, 시민단체, 언론매체, 정책
전문가, 일반시민과 여론 등

10 [난이도 상]

해설

제8차 건강증진을 위한 국제회의(2013년 6월 핀란드의 헬싱키)
(1) **주요 의제**: "모든 정책에서 보건(HiAP; Health in All Policies)"
(2) **헬싱키 성명서**
① 건강과 건강 형평성 및 사회 · 경제 개발의 목표 달성을
위한 HiAP 접근의 중요성과 정부의 책임 강조
② 각 국가정부 및 WHO에 대한 HiAP의 구체적 활동 방안
제시 및 촉구
(3) **모든 정책에서의 보건 지향적 노력**
① 건강과 건강 형평성을 향상시키기 위하여 모든 공공 정책
에서 정책결정자들의 책무성을 높이고 관련 결정들이 건
강에 미칠 수 있는 영향을 체계적으로 고려하고, 상승 작
용을 위한 협력 방안을 찾으며 건강에 해로운 영향을 피
하고자 하는 접근을 말함
② 보건의료체계와 건강 및 안녕의 결정 요인들에 미칠 수
있는 공공 정책의 영향을 강조하는 것을 포함함

11 [난이도 하]

해설

채드윅(E. Chadwick)의 업적에 대한 설명이다.
① 프랭크(J. P. Frank) − 독일, 위생행정 확립, 최초의 보건학
저서 '전의사경찰체계'
② 스노우(J. Snow) − 영국, 콜레라 역학조사, 최초의 기술역학,
1885년
④ 페텐코퍼(M. Pettenkofer) − 독일, 실험위생학 기초 확립,
1866년 뮌헨대학 위생학 강좌 개설

12 [난이도 상]

해설

④ 자극성 냄새를 갖는 무색 기체이며, 인화점이 낮아 폭발의 위
험성이 있는 물질은 포름알데히드이다.

실내공기오염물질
(1) **포름알데히드**
① 휘발성유기화합물의 일종으로 자극성 냄새를 갖는 가연성
무색 기체이며, 인화점이 낮아 폭발의 위험성을 가지며,
휘발성유기화합물과 함께 새집증후군의 원인물질로 알려
져 있다.
② 실내에서 포름알데히드 농도는 온도와 습도, 건축물의 수
명, 실내 환기율에 따라 크게 좌우된다. 특히, 지하생활환

경에서 발생되는 실내공기 중의 포름알데히드는 건축자재, 상가, 포목점 등에서 많이 방출되어 효과적인 환기시설의 운영이 요구된다.
③ 눈, 코 및 호흡기도에 만성 자극을 일으키며, 특히 정서적 불안정, 기억력 상실, 정신집중의 곤란 등 건강장해가 야기된다. 흡입, 흡수, 피부를 통한 경로로 침투되고, 이 중에서 흡입에 의한 독성이 가장 위험한 것으로 알려져 있다.
④ 국제암연구기구(IARC)에서 인체발암물질로 분류하고 있다.

(2) 라돈
① 라돈은 우라늄의 붕괴과정에서 생성되는 방사능 물질로, 다른 물질과 화학적으로 결합하지 않는 불활성기체이다.
② 라돈은 자연적으로 존재하는 암석이나 토양에서 발생하는 자연방사능 가스로써 실내 주요 오염원으로는 건물지반이나 주변 토양, 광석, 상수도 및 건물자재 그리고 조리나 난방목적으로 사용되는 천연가스 등이 있다.
③ 라돈은 건물의 균열, 연결부위, 혹은 배수관이나 오수관, 전기, 가스, 상하수도 주변의 틈을 통해서 실내로 유입된다.
④ 붕괴과정에서 생성되는 라돈자손(radon daughter)은 호흡을 통해 흡입하게 되면, 폐에 흡착하여 붕괴하면서 방출되는 알파에너지를 주변 조직에 부여함으로써 장기적으로 폐암을 유발할 수 있는 생물학적 손상을 야기한다.

(3) 오존
① 오존은 무색, 무미의 기체로서 냄새를 유발하며, 3개의 산소원자로 구성되어 있다.
② 실내공기 중의 오존은 사무실 등에서 사용하는 복사기, 레이저프린터, 팩스 등 높은 전압의 전기를 사용하는 사무용 기기에서 많이 발생하며, 환기가 잘 안되면 그 안의 사람들은 고농도의 오존에 노출되게 된다.
③ 사무기기 등에서 배출되는 오존은 기기에 부착되어 있는 오존필터에 의해 제거되도록 되어 있으나 기기의 사용과 수명이 오래됨에 따라 필터가 제 성능을 충분히 발휘할 수 없게 되므로 오존의 배출이 많아지게 된다.

(4) 석면(asbestos)
① 석면은 자연계에서 산출되는 섬유상 광물의 총칭으로 부드러우면서 내화성, 내마모성, 내약품성에 뛰어나 우리 주변의 많은 제품에 사용되었다.
② 특히 석면타일, 석면슬레이트 등의 건축용 자재와 가정용품, 전기제품 등에 널리 쓰였지만 석면섬유가 흡입되어 장기간 노출될 경우 석면폐증, 악성 중피종 및 폐암 등을 발생시키는 위해성이 큰 물질로 알려지면서 현재 석면관리를 위해 다양한 정책을 수립중이다.

13 [난이도 중]
해설
"세계보건기구 감시대상 감염병"이란 세계보건기구가 국제공중보건의 비상사태에 대비하기 위하여 감시대상으로 정한 질환으로서 보건복지부장관이 고시하는 감염병을 말한다.
• 두창, 폴리오, 신종인플루엔자, 중증급성호흡기증후군(SARS), 콜레라, 폐렴형페스트, 황열, 바이러스성출혈열, 웨스트나일열

14 [난이도 상]
해설
② 비소는 0.01mg/L를 넘지 아니하여야 한다.
③ 수소이온농도는 5.8 이상 8.5 이하이어야 한다.
④ 일반세균, 총대장균군, 대장균 또는 분원성 대장균, 잔류염소는 수도꼭지에서 매월 1회 이상 검사하여야 한다.

15 [난이도 중]
해설
간경화 환자와 짝을 맞춘 건강인(대조군)의 과거 음주력에 대해 조사하는 것은 환자－대조군 연구이다.
① 시간과 비용의 적게 소모된다.
② 연구에 필요한 정보가 과거 행위에 관한 것이므로 정보바이어스 중 회상바이어스나 기억소실바이어스가 주로 발생한다.
④ 희귀질병 연구에 가장 적합하다.

16 [난이도 상]
해설
③ 매트릭스조직 구조는 전문성이 요구되는 동시에 신속한 대응이 필요하면서 등장한 조직형태이기 때문에 일상적이고 반복적인 업무를 수행하기 위한 조직으로는 부적합하다.

복합구조[매트릭스(Matrix) 조직, 행렬조직]
(1) 조직의 기능에 따라 수직선으로 편성된 기능조직에 수평적・측면적인 프로젝트 조직의 모형을 부가시켜 조직의 효율성과 유연성을 동시에 높이고자 운영하는 조직모형이다.
(2) 계층적인 명령계통에서 이루어지는 수직적 통합과 프로젝트 팀의 구성원 사이의 상호작용으로 이루어지는 수평적인 통합이 서로 보완되어 있다.
(3) 명령통일 일원화의 원칙에 위배: 한 사람의 부하가 두 명의 상위자로부터 명령을 수령한다.(전통적인 조직원리인 명령통일의 원리를 무시하게 된다.)
(4) 계선조직보다 계층 수가 적고 의사결정이 분권화되어, 공식적 절차와 규칙에 얽매이지 않는다.

17 [난이도 상]
해설
현실적으로 지역사회에는 질병에 대해서 면역을 가지고 있는 인구집단이 일부 존재하기 때문에 실제 감염재생산수는 기초감염재생산수보다 적어진다. 만약 지역사회에 질병에 대해서 면역을 가지고 있는 인구의 비율이 p라고 하면 p 비율만큼 환자가 덜 발생하게 되므로 기초감염재생산수보다 실제 감염제생산수는 적게 발생한다.

18 [난이도 중]

해설

① **비소**: 말초신경염, 피부질환, 피부암, 폐암, 백혈병, 림프종 등
② **카드뮴**: 급성 – 폐부종(폐실질염), 만성 – 신장장애, 단백뇨, 골연화증, 보행곤란 등
③ **크롬**: 비중격천공, 부비동염, 피부궤양, 천식, 폐암 등
④ **알루미늄**: 뼈 통증, 투석뇌증, 파킨슨양 치매, 알루미늄 폐증 등

19 [난이도 중]

해설

① 노인 등이 가족과 함께 생활하면서 장기요양을 받는 <u>재가급여</u>를 우선적으로 제공하여야 한다.
③ 장기요양급여는 <u>6개월 이상</u> 동안 혼자서 일상생활을 수행하기 어렵다고 인정되는 자에게 신체 활동·가사 활동의 지원 또는 간병 등의 서비스나 이에 갈음하여 지급하는 현금등을 말한다.
④ 장기요양기관이란 <u>재가급여 또는 시설급여를 제공하는 장기요양기관</u>으로 지정을 받은 기관으로서 장기요양급여를 제공하는 기관을 말한다.

20 [난이도 중]

해설

질병관리청 조직

(1) **질병관리청 직무**: 질병관리청은 방역·검역 등 감염병에 관한 사무 및 각종 질병에 관한 조사·시험·연구에 관한 사무를 관장한다.

(2) **소속기관**
  ① 질병관리청장의 관장 사무를 지원하기 위하여 질병관리청장 소속으로 국립보건연구원 및 질병대응센터를 둔다.
  ② 질병관리청장의 관장 사무를 지원하기 위하여 질병관리청장 소속의 책임운영기관으로 국립마산병원 및 국립목포병원을 둔다.

(3) **하부조직**
  ① 질병관리청에 운영지원과·감염병정책국·감염병위기대응국·감염병진단분석국·의료안전예방국 및 만성질환관리국을 둔다.
  ② 청장 밑에 대변인, 종합상황실장 및 위기대응분석관 각 1명을 두고, 차장 밑에 기획조정관 및 감사담당관 각 1명을 둔다.

(4) **국립검역소**: 감염병의 국내외 전파 방지를 위한 검역·방역에 관한 사무를 분장하기 위하여 질병대응센터 소속으로 국립검역소를 둔다.

(5) **국립결핵병원**: 국립마산병원 및 국립목포병원은 결핵환자의 진료·연구, 결핵전문가 양성 및 결핵관리요원의 교육·훈련에 관한 업무를 관장한다.

01	02	03	04	05	06	07	08	09	10
④	④	②	④	②	①	④	①	③	④
11	**12**	**13**	**14**	**15**	**16**	**17**	**18**	**19**	**20**
①	②	①	①	④	①	④	③	②	①

01 [난이도 상]

해설

① 질병은 생물학적 차원의 개념으로 생리학 혹은 생리학의 관점에서 생체내의 구조적, 기능적 변화가 의학적으로 정의될 수 있는 상태를 의미한다.
② 질환은 개인적, 사회심리적 차원의 개념으로 환자의 개인적인 질병경험을 의미하는 것이다. 몇 개의 서로 다른 질병들이 동일한 질환을 야기할 수도 있고, 하나의 질병이 여러 개의 질환을 야기할 수도 있다.
③ 건강에 대한 이해와 개념은 시대적 상황, 질병의 양상, 과학철학 사조, 삶의 가치관 등의 변화 및 진보와 함께 변천하고 있다.
④ 건강형평이란 모든 사람들이 자신의 건강 잠재력을 완전하게 발휘할 수 있도록 공정한 기회를 가진다는 뜻을 지니고 있다. 이를 위하여 사회공동체가 제도적, 법적 책임이 있다는 의미도 내포하고 있다.

02 [난이도 상]

해설

시버트를 단위로 하는 것은 등가선량과 유효선량이다.
등가선량은 방사선이 살아 있는 조직과 상호작용할 때의 영향으로 방사선의 유형에 따라 다르다. 방사선의 선질계수로 가중된 흡수선량을 등가선량이라 한다.
유효선량은 같은 등가선량에 피폭되었다고 하더라도 인체 조직기별로 영향을 미치는 정도의 차이를 고려한 것이다. 인체조직별 상대적인 위험도의 차이인 조직가중계수를 반영한 것이다.

03 [난이도 중]

해설

비례사망지수는 총 사망자 중 50세 이상 사망자수가 차지하는 비율로 제시된 자료를 통해 산출이 가능하다.
영아사망률은 총 출생아수 1,000명당 1년 이내 사망자수이다.
① **영아사망률** = 1년이내 사망자 수/총 출생아 수×1,000
③ **비례사망률** = 특정 질병으로 인한 사망자 수/전체 사망자 수 = 100
④ **특수사망률** = 일정 기간 해당 집단의 사망자 수/일정 기간의 특정 집단 인구 수×100,000

04 [난이도 중]

① 「지역보건법」 제정 – 1995년 제정(보건소법 – 1956년 제정)
② 「국민건강증진법」 제정 – 1995년 제정
③ 「농어촌 등 보건의료를 위한 특별법」 – 1980년 제정
④ 「보건의료기본법」 – 2000년 제정

05 [난이도 중]

편충(Whip Worm, Trichuris)

(1) 우리나라에서 감염률이 높은 기생충인데, 그 기생수가 10마리 미만으로 증상이 거의 나타나지 않기 때문에 등한시되고 있다.
(2) 수정된 충란이 외계로 배출되면 흙 속에서 약 2주 경과하고 충란 내에 자충을 형성한다. 이 자충포장란이 인체에 섭취되면 소장에서 부화되고 점차 대장의 맹장, 결장 등으로 내려와서 성숙·정착한다.

06 [난이도 중]

② 쉬겔라는 250mL에서 검출되지 않아야 한다.
③ 톨루엔은 0.7mg/L를 넘지 않아야 한다.
④ 테트라클로로에틸렌은 0.01mg/L를 넘지 않아야 한다.

07 [난이도 상]

이황화탄소(CS_2)

(1) 이황화탄소는 휘발성이 매우 강한 용제로서 인조견, 셀로판, 사염화탄소의 제조, 수지와 고무제품의 용제, 추출용 등에 이용된다. 독성이 매우 높고 다양하며 회복이 불완전할 수도 있다.
(2) **중독증상**
  ① 중추신경계 장애: 뇌경색, 뇌병증, Parkison 증후군, 신경행동장애
  ② 말초신경병: 감각 및 운동신경 모두 침범
  ③ 심장혈관계 장애: 감각 및 운동신경 모두 침범
  ④ 눈 장애: 망막병증, 시신경염 등 말초혈관변화
  ⑤ 생식기능 장애: 정자형성능 저하, 여성 호르몬 변화 및 불규칙 월경, 유산증가
  ⑥ 신장: 기저막 비후, 사구체경화증
  ⑦ 기타: 당뇨병 유사소견, 청력저하, 소화기능 장애, 심한 경우 심한 불안과 분노, 자살성향, psychosis, 악몽, 보행장애

08 [난이도 상]

② 미숙아의 건강진단은 분만의료기관 퇴원 후 7일 이내에 1회 시행하고 1차 건강진단 시 문제가 있는 경우 최소 1주에 2회 실시하고 건강문제가 없는 경우에는 영유아 기준에 따라 건강진단을 실시한다.

③ 신생아는 수시로 건강진단을 실시한다.
④ 출생 후 1년 이내의 영아는 1개월마다 1회 건강진단을 실시하고 출생 후 1년 초과 5년 이내의 유아는 6개월마다 1회 실시한다.

09 [난이도 상]

비용 – 효과분석은 효과의 화폐가치 계산이 힘들거나, 비용과 효과의 측정단위가 달라 화폐라는 동일한 기준으로 비교하기 힘들 때 이용되는 분석기법이다. 알츠하이머 사망률이라는 목표는 화폐가치가 아닌 산출물을 비교하는 경우로 비용효과분석이 적절하다.

10 [난이도 상]

의지적이지 않은 행동까지도 설명할 수 있는 이론은 계획된 행위론 이다.

합리적 행위론

(1) 1967년 피쉬바인(Fishbein)에 의해 제시된 이론으로서, 인간의 행동은 의지로 조절할 수 있으며, 합리적인 이유에 근거하여 결정된다는 것이다.
(2) 행동이란 그 행동을 수행하려는 의도에 영향을 받게 되며, 이 행위 의도는 자신이 지닌 행위에 대한 태도와 주위의 의미 있는 사람들이 그 행위를 어떻게 여길 것인지를 검토하여 결정된다고 보았다. 즉, 인간의 행위는 그 행위를 수행하고자 하는 의도에 의해 결정되고, 의도는 그 행위에 대해 개인이 가지는 태도와 주관적 규범에 의해 결정되므로 의도한 행위 수행에 장애가 없다고 가정할 때 사회적 행위나 건강 관련 행위를 예측할 수 있으며, 행위를 예측하기 위해서는 의도를 파악해야 한다.
(3) 개인이 스스로 선택하는 의지적 행동에는 적합하지만, 의지로 선택하는 행동이 아닌 경우에는 적절하지 않다는 단점이 있다.

11 [난이도 상]

(1) "의료폐기물"이란 보건·의료기관, 동물병원, 시험·검사기관 등에서 배출되는 폐기물 중 인체에 감염 등 위해를 줄 우려가 있는 폐기물과 인체 조직 등 적출물(摘出物), 실험동물의 사체 등 보건·환경 보호상 특별한 관리가 필요하다고 인정되는 폐기물로서 대통령령으로 정하는 폐기물을 말한다.
(2) **의료폐기물 종류**
  ① 격리의료폐기물: 「감염병의 예방 및 관리에 관한 법률」에 따른 감염병으로부터 타인을 보호하기 위하여 격리된 사람에 대한 의료행위에서 발생한 일체의 폐기물
  ② 위해의료폐기물
    ㉠ 조직물류폐기물: 인체 또는 동물의 조직·장기·기관·신체의 일부, 동물의 사체, 혈액·고름 및 혈액생성물(혈청, 혈장, 혈액제제)

　　　ⓛ 병리계폐기물: 시험 · 검사 등에 사용된 배양액, 배양
　　　　용기, 보관균주, 폐시험관, 슬라이드, 커버글라스, 폐배
　　　　지, 폐장갑
　　　ⓒ 손상성폐기물: 주사바늘, 봉합바늘, 수술용 칼날, 한방
　　　　침, 치과용침, 파손된 유리재질의 시험기구
　　　ⓔ 생물 · 화학폐기물: 폐백신, 폐항암제, 폐화학치료제
　　　ⓜ 혈액오염폐기물: 폐혈액백, 혈액투석 시 사용된 폐기
　　　　물, 그 밖에 혈액이 유출될 정도로 포함되어 있어 특
　　　　별한 관리가 필요한 폐기물
　③ 일반의료폐기물: 혈액 · 체액 · 분비물 · 배설물이 함유되
　　어 있는 탈지면, 붕대, 거즈, 일회용 기저귀, 생리대, 일회
　　용 주사기, 수액세트

12 [난이도 중]

해설

• **제1급 감염병**: 에볼라바이러스병, 마버그열, 라싸열, 크리미안
콩고출혈열, 남아메리카출혈열, 리프트밸리열, 두창, 페스트 ,
탄저, 보툴리눔독소증, 야토병, 신종감염병증후군, 중증급성호흡
기증후군(SARS), 중동호흡기증후군(MERS), 동물인플루엔자인
체감염증, 신종인플루엔자, 디프테리아
• **생물테러감염병**: 탄저, 보툴리눔독소증, 페스트, 마버그열, 에볼
라열, 라싸열, 두창, 야토병
• **인수공통감염병**: 장출혈성대장균감염증, 일본뇌염, 브루셀라증,
탄저, 공수병, 동물인플루엔자인체감염증, 중증급성호흡기증후
군(SARS), 변종크로이츠펠트 - 야콥병(vCJD), 큐열, 결핵, 중증열
성혈소판감소증후군(SFTS), 장관감염증(살모넬라균 감염증, 캄필
로박터균 감염증)
① 공수병 - 제3급 감염병, 인수공통감염병
② 탄저병 - 제1급 감염병, 생물테러감염병, 인수공통감염병
③ 브루셀라증 - 제3급 감염병, 인수공통감염병
④ 페스트 - 제1급 감염병, 생물테러감염병

13 [난이도 중]

해설

건강증진사업(국민건강증진법 제19조)
특별자치시장 · 특별자치도지사 · 시장 · 군수 · 구청장은　지역주
민의 건강증진을 위하여 보건복지부령이 정하는 바에 의하여 보
건소장으로 하여금 다음 각호의 사업을 하게 할 수 있다.
(1) 보건교육 및 건강상담
(2) 영양관리
(3) 신체활동 장려
(4) 구강건강의 관리
(5) 질병의 조기발견을 위한 검진 및 처방
(6) 지역사회의 보건문제에 관한 조사 · 연구
(7) 기타 건강교실의 운영 등 건강증진사업에 관한 사항

14 [난이도 상]

해설

① 건강검사는 신체의 발달상황, 신체의 능력, 건강조사, 정신건
강 상태 검사 및 건강검진으로 구분한다.
② 신체의 발달상황, 신체의 능력, 건강조사 및 정신건강 상태 검
사는 해당 <u>학교의 장</u>이 실시한다.
③ 신체의 발달상황은 <u>키와 몸무게를 측정</u>한다. 심폐지구력, 유
연성, 근력, 근지구력, 순발력은 신체능력검사의 필수검사항목
이다.
④ 건강검사는 <u>초등학교 1학년 및 4학년 , 중 · 고등학교 1학년</u>
<u>학생</u>에게 실시한다.

15 [난이도 중]

해설

① **그레이브스(Graves)**: 갑상선기능항진증의 원이이 되는 질병
으로 자가면역질환의 하나이다.
② **크레티니즘(Cretinism)**: 선천성 갑상선 기능 저하증에 의한
발육부전으로 모친의 요오드 섭취 부족이 원인이 될 수 있다.
③ **마라스무스(Marasmus)**: 에너지와 단백질 모두 결핍되어 저
체중, 근육위축, 신체소모증 등이 나타난다.

16 [난이도 중]

해설

병원성대장균식중독에 대한 설명으로 병원성대장균식중독은 감
염형 식중독에 해당한다.

17 [난이도 하]

해설

급속사여과법은 탁도, 색도가 높을 때, 이기류가 발생하기 쉬운
장소, 수면이 동결되기 쉬운 장소에서 유리하다.

18 [난이도 중]

해설

대사증후군 진단기준

진단 항목	진단 수치
허리둘레	남자 ≥ 90cm, 여자 ≥ 85cm
중성지방	≥ 150mg/dL 또는 약물치료
고밀도지단백 콜레스테롤	남자 < 40mg/dL, 여자 < 50mg/dL 또는 약물치료
고혈압	수축기/이완기 ≥ 130/85mmHg 또는 약물치료
고혈당	공복혈당 ≥ 100mg/dL 또는 약물치료

19 [난이도 해]

해설

① **내의원**: 조선시대 왕실의료 담당
③ **태의감**: 고려시대 중앙의료기관으로 의약과 치료 담당. 의약행정 총괄
④ **제생원**: 조선시대 향약의 수납과 병자들의 구료업무 담당

20 [난이도 중]

해설

치명률은 어떤 질병에 이환된 환자 수 중에서 그 질병으로 인한 사망자 수로 질병의 심각한 정도를 나타낸다.
② **사인별 비례사망률**: 사망자 중 특정질환으로 인한 사망자 수
③ **사인별 특수사망률**: 평균인구(연중앙인구) 중 특정질환으로 인한 사망자 수
④ **병원력**: 특정질병에 감염된 사람 중 현성질병자의 수

제5회 최종 모의고사

01	02	03	04	05	06	07	08	09	10
②	②	④	③	④	③	①	①	①	④
11	**12**	**13**	**14**	**15**	**16**	**17**	**18**	**19**	**20**
②	④	③	③	④	③	②	④	③	④

01 [난이도 상]

해설

유전적 요인이 질병발생에 영향을 미친다는 연구보고는 많다. 그러나 유전 요인은 아직 인위적 조작 가능한 것이 아니기 때문에 유전 요인 자체를 결정요인으로 인정하지는 않는다. 다른 요인과의 교호작용을 통하여 영향을 미칠 수 있는 것으로 알려져 일종의 감수성(susceptible) 요인의 하나로 여겨지고 있다. 감수성요인은 교호작용을 하는 다른 요인을 제어함으로써 그 효과에 간접적인 개입 가능성이 있는 경우 질병발생의 결정요인 하나로 인정한다.

02 [난이도 중]

해설

모집단의 층을 구분(성별 구분, 연령별 구분)한 뒤 각 집단에서 표본을 무작위로 뽑는 방법은 층화무작위추출에 해당한다.

03 [난이도 상]

해설

① **국제질병분류(ICD; International Classification of Diseases)**: 질병·상해 및 사인에 관한 계량적 연구나 국제적 또는 연차적 발생 비교 시 자료의 정확성과 신뢰성 확보를 위해서 UN과 WHO의 지원으로 만들어진다.
② **SNOMED(Systematized Nomenclature of Medicine)**: 145,000개 이상의 코드를 가진 체계화된 의학과 수의학용 명명법이다.
③ **통일의학용어시스템(UMLS; Unified Medical Language System)**: 통일의학용어시스템(UMLS)은 다양한 생명과학분야의 정보원으로부터 정보 검색과 공유를 지원하기 위하여 미국 국립의학도서관이 개발한 의료분야의 정보공유 및 교환을 위한 가장 포괄적인 용어체계이다.

ICF(International Classification of Functioning, Disability and Health)
(1) ICF는 기능적 수준과 장애에 기인하는 건강수준을 분류하기 위해 세계보건기구에서 2001년 개발한 통합적인 분류 틀이다.
(2) ICF는 ❶인체의 구조와 기능, ❷ 활동 수준과 사회활동 참여 수준 ❸ 중증도와 환경요인에 대한 추가 정보 등의 세 가지 구성요소를 토대로 만들어졌다.
(3) ICF에서는 장애의 독립적인 정의와 기준을 제시하지 않는 대신 신체 기능 및 구조, 활동, 참여 라는 세가지 측면에서 장애의 전체적인 양상이 포착되는 보다 포괄적인 개념을 제시하였다.

04 [난이도 상]

해설

(1) **신뢰도**: 검사를 반복하였을 때 비슷한 검사 결과가 얻어지는
    지를 의미하는 개념으로, 검사 결과의 정확성의 전제 조건은
    검사의 신뢰도이다.

(2) **신뢰도에 영향을 미치는 변이**

    ① 피검사자의 생물학적 변이

       ㉠ 검사를 시행한 시기는 물론 검사를 시행한 조건에 따
          라 변화하며, 검사법 자체에 기인하여 변화하는 것보
          다는 검사대상이 되는 현상 자체의 생물학적 변이라
          할 수 있다.

       ㉡ 재현성에 미치는 영향을 최소화하기 위해서, 검사 시
          기나 검사 조건을 표준화한다.

       ㉢ 검사 – 재검사의 신뢰도를 측정하는 방법을 통해 검사
          의 표준화 정도를 파악할 수 있다.

    ② 검사자 내 변이와 검사자 간 변이

       ㉠ 검사자 내 변이는 검사자의 주관적인 평가 방법과 숙
          련도에 따라 검사 결과에 영향을 미치는 검사법에서
          유발된다.

       ㉡ 검사자에 대한 교육 및 훈련을 통해 신뢰도를 높일 수
          있다.

       ㉢ 검사자 간 변이는 2명 이상의 측정자가 같은 검사를
          평가할 때 발생할 수도 있고, 다른 검사방법을 도입하
          여 하나의 질병을 평가하고자 할 때도 발생할 수 있다.

05 [난이도 상]

해설

① 의사, 치과의사 또는 한의사는 제1급부터 제3급 감염병에 대
   해 감염병환자 등을 진단하거나 그 사체를 검안한 경우 소속
   의료기관의 장에게 보고하여야 하고, 의료기관에 소속되지 아
   니한 의사, 치과의사 또는 한의사는 그 사실을 관할 보건소장
   에게 신고하여야 한다.

② 육군, 해군, 공군 또는 국방부 직할 부대에 소속된 군의관은
   제1항 각 호의 어느 하나에 해당하는 사실(제16조제6항에 따
   라 표본감시 대상이 되는 제4급 감염병으로 인한 경우는 제
   외한다)이 있으면 소속 부대장에게 보고하여야 하고, 보고를
   받은 소속 부대장은 제1급 감염병의 경우에는 즉시, 제2급 감
   염병 및 제3급 감염병의 경우에는 24시간 이내에 관할 보건
   소장에게 신고하여야 한다.

③ 일반가정의 세대주(부재중인 경우 그 세대원)와 학교, 병원,
   관공서, 회사, 공연장, 예배장소, 선박·항공기·열차 등 운송
   수단, 각종 사무소·사업소, 음식점, 숙박업소 또는 그밖에 여
   러 사람이 모이는 장소로서 보건복지부령으로 정하는 장소의
   관리인, 경영자 또는 대표자는 제1급 감염병부터 제3급 감염
   병까지에 해당하는 감염병 중 보건복지부령으로 정하는 감염
   병이 발생한 경우에는 의사, 치과의사 또는 한의사의 진단이
   나 검안을 요구하거나 해당 주소지를 관할하는 보건소장에게
   신고하여야 한다.(보건복지부령으로 정하는 그 밖의 신고대상
   감염병: 결핵, 홍역, 콜레라, 장티푸스, 파라티푸스, 세균성이
   질, 장출혈성대장균감염증, A형 간염)

④ ③에 따른 신고의무자가 아니더라도 감염병환자등 또는 감염
   병으로 인한 사망자로 의심되는 사람을 발견하면 보건소장에
   게 알려야 한다.

06 [난이도 중]

해설

① 멸균은 모든 미생물의 영양형은 물론 포자까지도 멸살 또는
   파괴시키는 조작이다. 소독은 병원성 미생물의 생활력을 파괴
   또는 멸살시켜 감염 및 증식력을 없애는 것이다. 멸균은 소독
   을 의미하지만 소독은 멸균을 의미하지 않는다.

② 자외선멸균법은 무균실, 수술실, 제약실등에서 고익, 물, 식품,
   기구, 용기 등의 소독에 사용되는 물리적 소독법이다.

④ 70~75%의 에틸알코올은 피부 및 기구 소독에 사용된다.

07 [난이도 중]

해설

여시니아(Yersinia) 식중독의 원인균은 여시니아엔테로콜리티카
(Yersinia Enterocolitica)로 4℃ 전후의 저온에서 증식하는 저온성
식중독균(최저 생육온도 −1.3℃)으로 냉장·진공포장된 식품에서
생육 가능하다. 소, 돼지 등의 가축 특히 돼지가 높은 비율로 보
균하고 있어 도축장에서 해체 처리 중 칼, 톱, 장갑, 바닥, 벽 등
의 오염으로 2차 오염되며 사람은 감염된 동물, 사람과의 접촉,
대변에 오염된 식수나 음식물 섭취로 감염된다. 주요 원인식품은
오염된 식품(특히 덜 익은 돼지고기) 및 살균하지 않은 우유 또는
끓이지 않은 물이다. 급성 수양성 설사, 소결장염, 충수염과 유사
한 복통 및 열, 인두염, 식욕부진, 구토 등의 증상이 나타난다.

08 [난이도 상]

해설

> **치료 및 예방조치 등(학교보건법 제11조)**
> ① 학교의 장은 제7조에 따른 건강검사의 결과 질병에 감염
>   되었거나 감염될 우려가 있는 학생에 대하여 질병의 치료
>   및 예방에 필요한 조치를 하여야 한다.
> ② 학교의 장은 제7조 제1항(건강검사)에 따라 학생에 대하여
>   제2조 제1호의 정신건강 상태를 검사한 결과 필요하면 학
>   생 정신건강 증진을 위한 다음 각 호의 조치를 하여야 한다.
>   1. 학생·학부모·교직원에 대한 정신건강 증진 및 이해
>   교육
>   2. 해당 학생에 대한 상담 및 관리
>   3. 해당 학생에 대한 전문상담기관 또는 의료기관 연계
>   4. 그밖에 학생 정신건강 증진을 위하여 필요한 조치

09 [난이도 중]

해설

PRECEDE – PROCEED 모형의 1단계는 사회적 사정 단계이다.

(1) 사회적 사정단계에서는 인구 집단을 대상으로 상황 분석, 삶
    의 질을 정의하고 우선순위를 설정한다.

(2) 삶의 질을 판단하는 사회적 지표로 성취, 소외, 편안함, 범죄, 불법성, 차별, 행복, 자부심, 실업, 복지, 빈곤, 안정 등이 포함된다.
　　① 객관적 지표: 고용률, 실업률, 교육 수준, 주택보급률, 인구 밀도, 사회복지 수준, 범죄 등
　　② 주관적 해석: 대상 집단에게 그들의 삶의 질을 방해하는 주요 장애물이 무엇인지를 물어보는 것

10　[난이도 상]

해설

① 등급판정위원회는 신청인이 신청자격요건을 충족하고 6개월 이상 동안 혼자 일상생활을 수행하기 어렵다고 인정하는 경우 등급판정기준에 따라 수급자로 판정한다.
② 등급판정위원회는 심의·판정을 하는 때 신청인과 그 가족, 의사소견서를 발급한 의사 등 관계인의 의견을 들을 수 있다.
③ 치매환자로서 장기요양인정점수가 45점 미만인 자는 장기요양 인지지원등급에 해당한다.

11　[난이도 중]

해설

① 사회보험의 목적은 빈곤을 예방하는 것이고 공공부조의 목적은 빈곤의 완화이다.
② 사회보험은 재정 예측성이 용이하고, 공공부조는 재정 예측성이 곤란하다.
③ 사회보험은 보험료 지불능력이 있는 국민을 대상으로 하고 공공부조는 보험료 지불능력이 없는 계층을 대상으로 한다.
④ 사회보험은 제1사회 안정망이고 공공부조는 제2사회 안정망이다.

12　[난이도 중]

해설

VDT증후군(Visual Display Terminal Syndrome)
(1) 사무자동화를 통해 영상표시단말기의 사용기간이 늘어남에 따라 VDT 작업자들에게 나타나는 근골격계의 건강장해, 안과적인 장해, 전자파 장해, 기타 스트레스성 질환 등을 의미한다.
(2) **증상**
　　① 경견완장애: 뒷머리, 목, 어깨, 팔, 손 및 손가락의 어느 부분 혹은 전체에 걸쳐 결림, 저림, 아픔 등의 불편함이 나타나는 것
　　② 안정피로: 작업을 계속하는 과정에서 시력감퇴, 복시, 안통, 두통 등이 유발
　　③ 정신신경장애: 낮은 피로감, 기상 시 피로감, 두통 등의 증상
　　④ 피부증상: 발진

13　[난이도 상]

해설

중증열성혈소판감소증후군(SFTS)은 제3급 감염병이며 인수공통 감염병이다. 최근 새롭게 보고된 진드기매개질병으로 2009년 중국에서 최초로 보고된 후 국내에서는 2013년에 환자 발생이 처음 보고되었다.
(1) **병원체**: 중증열성혈소판감소증후군 바이러스(SFTS virs, SFTSV)
(2) **병원소**: 병원소에 대한 연구는 아직 근거가 부족하지만, 중국에서 양, 소, 돼지, 개, 닭 등에 대한 혈청 검사에서 바이러스가 분리되어 병원소일 가능성이 제기되었다.
(3) **전파**
　　① 작은소참진드기가 매개
　　② 체액이나 혈액을 통한 사람 간 전파도 가능하다.

14　[난이도 하]

해설

감염병 관리의 발전사
(1) **종교설 시대**
　　① 질병은 악령 또는 선령이 내리는 재앙이라는 종교적 관점
　　② 질병 치료는 주술적인 방법에 의존: 질병은 신이 내리는 벌＝신벌설
(2) **점성설 시대**
　　① 질병 발생이 환경의 물리적 상태와 관계가 있다고 보았음
　　② 하늘의 별자리 이동으로 감염 병의 유행, 기아, 사망, 전쟁 등을 점침
(3) **장기설 시대**
　　① 전염병은 나쁜 공기나 공기 중의 유해 물질 때문에 발생된다고 믿음
　　② 말라리아(Malaria)는 '나쁜(mal)'과 '공기(aria)'라는 단어의 합성어
(4) **접촉감염설 시대**
　　① 13세기 한센병, 14세기 흑사병의 유행으로 싹트기 시작한 이론
　　② 16세기 매독이 유럽 전역에 만연한 사실은 접촉에 의한 전파된다는 설을 뒷받침
(5) **미생물병인론 시대**
　　① 1676년 레벤후크의 현미경 발명으로 미세동물 관찰
　　② 1860년대 파스퇴르와 1870년대 코흐의 탄저균, 결핵균, 콜레라균 발견을 통하여 미생물병인설이 확인됨
　　③ 이 시대에는 미생물이 질병 발생에 절대적인 요인으로 여겨짐

15　[난이도 상]

해설

질병유행을 종식시키기 위해서는 실제감염재생산수(R)가 1 이하여야 한다. 한계밀도는 R＝1이 될 수 있는 집단면역의 수준이다.
$$R = R0 - P \times R0 = 1$$
$$P = (R0 - 1) / R0 \times 100 = (5.7 - 1) / 5.7 \times 100 = 82.5$$

16 [난이도 중]

해설

① 유병률은 발생률과 이환기간의 영향을 받는다.
② 발생률이 오랜 기간 동안 일정하고 유병기간이 일정한 상태이며 그 지역사회에서 해당 질병의 유병률인 낮을 경우 $P = I \times D$가 된다.
④ 유병률은 질병관리에 필요한 인력 및 자원 소요의 추정에 사용된다.

17 [난이도 하]

해설

저산소증

흡기 중의 산소 함유량이 약 14% 이하에서는 생체 조직에 공급되는 산소의 절대량이 감소되므로 저산소증이 나타나게 된다.
(1) **14%**: 호흡수 증가, 맥박 증가, 중노동 곤란
(2) **10%**: 호흡 곤란
(3) **7% 이하**: 정신 착란, 감각 둔화, 질식, 혼수

18 [난이도 상]

해설

조직의 원리

(1) **계층제의 원리**: 권한과 책임의 정도에 따라 직무를 등급화 함으로써 상하 계층 간의 직무상의 지휘, 복종관계가 이루어지도록 하는 것으로 역할의 수직적 분담 체계이다.
(2) **통솔 범위의 원리**: 한 사람의 관리자가 효과적으로 직접 감독·관리할 수 있는 하급자의 수를 적절하게 정하는 원리이다.
(3) **명령 통일의 원리**: 한 사람의 하위자는 오직 한 사람의 상관에 의해서만 지시나 명령을 받아야 한다는 원칙으로 명령일원화의 원칙이라 한다.
(4) **분업의 원리(전문화의 원리)**: 특정인이 담당하는 업무를 전문화하여 분업화시킴으로써 업무의 전문성과 정확·신속성을 기할 수 있다는 원칙이다.
(5) **조정의 원리(통합의 원리)**: 업무 수행에서의 중복성과 낭비를 배제하고 혼선을 방지하여 공동목표를 달성할 수 있도록 특정인에게 업무를 조정하는 역할을 부여하여야 한다는 원칙이다. 효과적인 조정을 하기 위해서는 의사소통이 촉진되어야 한다.

19 [난이도 중]

해설

심약은 조선시대 지방의료기관으로 각 지방에서 향약 채취를 담당하였다. 고려시대에는 지방의 행정말단단위에 약점이 설치되었다.

20 [난이도 상]

해설

생태학적 모형에 따른 건강에 영향을 미치는 요인

단계	정의
개인적 요인	지식, 태도, 행동, 자아 인식, 기술과 같은 개인의 특성, 개인의 발달사를 포함
개인 간 관계 및 일차 집단	가족, 직장동료, 친구 등을 포함하는 공식적, 비공식적 사회적 관계망과 지지 시스템
조직 요인	조직적 특성을 지닌 사회적 기관들, 공식적 비공식적 규칙과 규제
지역사회 요인	일정한 경계 안에서 이루어지는 조직, 기관, 비공식 네트워크 사이의 관계
정책 요인	각급 정부의 정책과 법

제6회 최종 모의고사

01	02	03	04	05	06	07	08	09	10
④	②	④	③	②	①	④	③	③	①
11	12	13	14	15	16	17	18	19	20
③	②	④	④	①	①	②	②	②	②

01 [난이도 상]

해설

역학조사(감염병의 예방 및 관리에 관한 법률 제18조)

① 질병관리청장, 시 · 도지사 또는 시장 · 군수 · 구청장은 감염병이 발생하여 유행할 우려가 있거나, 감염병 여부가 불분명하나 발병원인을 조사할 필요가 있다고 인정하면 지체 없이 역학조사를 하여야 하고, 그 결과에 관한 정보를 필요한 범위에서 해당 의료기관에 제공하여야 한다. 다만, 지역확산 방지 등을 위하여 필요한 경우 다른 의료기관에 제공하여야 한다.

② 질병관리청장, 시 · 도지사 또는 시장 · 군수 · 구청장은 역학조사를 하기 위하여 역학조사반을 각각 설치하여야 한다.

02 [난이도 중]

해설

① **노인장기요양보험법**: 이 법은 고령이나 노인성 질병 등의 사유로 일상생활을 혼자서 수행하기 어려운 노인등에게 제공하는 신체활동 또는 가사활동 지원 등의 장기요양급여에 관한 사항을 규정하여 노후의 건강증진 및 생활안정을 도모하고 그 가족의 부담을 덜어줌으로써 국민의 삶의 질을 향상하도록 함을 목적으로 한다.

② **노인복지법**: 이 법은 노인의 질환을 사전예방 또는 조기발견하고 질환상태에 따른 적절한 치료 · 요양으로 심신의 건강을 유지하고, 노후의 생활안정을 위하여 필요한 조치를 강구함으로써 노인의 보건복지증진에 기여함을 목적으로 한다.

③ **저출산고령사회기본법**: 이 법은 저출산 및 인구의 고령화에 따른 변화에 대응하는 저출산 · 고령사회정책의 기본방향과 그 수립 및 추진체계에 관한 사항을 규정함으로써 국가의 경쟁력을 높이고 국민의 삶의 질 향상과 국가의 지속적인 발전에 이바지함을 목적으로 한다.

④ **대한노인회 지원에 관한 법률**: 이 법은 대한민국 노인의 권익신장과 복지증진 및 사회참여 촉진을 위하여 설립된 사단법인 대한노인회의 발전을 지원함으로써 민족의 번영과 국가 · 사회 발전에 기여함을 목적으로 한다.

03 [난이도 중]

해설

자외선은 눈에 보이지 않는 태양의 복사에너지이며, 가시광선과 전리방사선 사이의 200~400nm대의 파장을 가지는데 주파수에 따라 3가지 대역으로 나뉜다. 이 중 중자외선인 UV – B를 Dorno

선(생명선, 건강선)이라고 하고, 소독작용, 비타민 D 생성, 피부색소반응 등 생물학적 활성을 나타내며 피부나 눈에 유해 작용을 일으킨다.

② 열선이라고도하며 주요작용은 대기 중의 탄산가스에 흡수되어 온실효과를 일으키게 된다. – 적외선

③ 주로 초자공.대장장이 직업에서 노출될 수 있는 파장이다. – 적외선

04 [난이도 중]

해설

의료보장의 기능

(1) **1차적 기능**: 국민이 경제적 어려움을 느끼지 않는 범위 내에서 필수의료를 확보해 주는 기능

(2) **2차적 기능**

① 사회적 연대성 제고 기능: 국민 계층 간의 유무상통의 원리를 동원하여 사회적 연대를 통한 사회 통합을 도모하는 기능

② 소득재분배 기능: 부담과 관계없는 균등한 급여를 통해 질병발생 시 가계에 지워지는 경제적 부담을 경감하는 소득재분배 기능

③ 비용의 형평성 기능: 필요한 비용을 개인별 부담 능력과 형편에 따라 공평하게 부담하는 기능

④ 급여의 적정성 기능: 피보험자 모두에게 필요한 기본적 의료를 적정한 수준까지 보장함으로써 그들의 의료 문제를 해결하고 누구에게나 균등한 적정 수준의 급여를 제공하는 기능

⑤ 위험분산의 기능: 많은 인원을 집단화하여 위험분산 기능의 수행

05 [난이도 중]

해설

(1) **개인적 차원의 이론과 모형**: 개인의 심리사회적 과정을 이해하고 이에 대한 교육과 행태 개선에 초점을 둔다. 인지조화론, 건강믿음모형(HBM), 합리적 행위론, 계획된 행위론, 범이론적 모형, 귀인이론, 예방채택 과정모형 등

(2) **개인 간 차원의 이론과 모형**: 행태 변화를 개인과 개인을 포함하는 주변 환경, 사회적 인식, 의사–환자 간의 관계 개선으로 이해하고 접근하는 데 초점을 둔다. 사회인지이론, 자기효능이론, 사회적 관계망과 사회적 지지이론, 정보처리와 설득적 커뮤니케이션, 동기화 면담

(3) **집단 및 지역사회 차원의 이론과 모형**: 지역사회 확산을 통한 개선에 초점을 둔다. MATCH, PRECEDE – PROCEED 모형, 의사소통이론, 혁신의 확산 모형, 조직변화 이론, 지역사회 조직화 등

06 [난이도 중]

(1) **제1형 당뇨병**

인슐린 의존형 당뇨병(IDDM; Insulin Dependent Diabetes Mellitus)으로 소아형당뇨라고도 한다. 췌장 베타 세포의 파괴로 인한 인슐린 결핍을 특징으로 하며 만 14세 이전에 발생하며 갑자기 나타난다. 위험요인은 병리학적 인자와 가족력 등이다.

(2) **제2형 당뇨병**

인슐린 비의존형 당뇨병(NIDDM; Non-insulin Dependent Diabetes Mellitus), 성인당뇨로 당뇨병의 95%가 해당된다. 인슐린 저항성과 상대적인 인슐린 부족을 특징으로 하며 대부분이 40세 이후 성인에서 발병된다. 주요 위험요인은 나이, 비만도, 가족력, 인종, 운동량, 영양상태, 도시화 및 문명화된 환경변화 등이다.

07 [난이도 중]

(1) **병상회전율**: 일정 기간 동안의 실제 입원환자(퇴원환자) 수를 가동병상 수로 나눈 비율로서 병상당 입원환자를 몇 명 수용하였는가를 나타내는 병상 이용의 효율성 측정 지표이다.

(2) **평균재원일수**: 입원환자의 총재원일수를 실제 입원(퇴원)한 환자 수로 나눈 비율로서 환자가 병원에 입원한 평균일수를 의미한다.

(3) **병상이용률(%)**: 일정 기간 동안 병원의 가동병상 중 입원환자가 차지하는 비율로서 입원자원(가동병상)의 운영효율성을 나타낸다.

08 [난이도 상]

(1) 활성오니법은 호기성균이 풍부한 오니를 하수량의 25%를 첨가하여 충분한 산소를 공급함으로써 호기성균의 활동을 촉진시켜 유기물을 산화시키는 방법이다. 활성오니법은 살수여상법에 비하여 경제적이며, 처리면적이 적어도 가능하나, 고도로 숙련된 기술을 필요로 하는 방법으로 근래 도시하수의 처리에 가장 많이 이용되고 있다.

(2) 살수여상법은 여과조에 하수를 살포하면 돌에 증식되는 미생물과 더불어 생물막을 형성하게 하는데, 표면의 미생물은 호기적 활동을 하며, 막의 저부에서는 산소의 공급이 단절되므로 혐기성 미생물의 증식에 의한 혐기성 작용이 진행되므로 살수여상법은 통성 혐기성 처리라 할 수 있다. 살수여상법은 주로 산업폐수처리나 분뇨의 소화처리 후 탈리액(脫離液)의 처리에 이용되는 방법으로 수량이 갑자기 바뀌어도 조치가 가능한 장점이 있으나, 여름철에 위생 해충의 발생 및 악취가 심하며 높은 수압이 필요하다.

(3) 활성오니법은 하수 온도의 영향을 많이 받고 살수여상법은 온도에 의한 영향을 적게 받는다.

09 [난이도 중]

성숙 및 노화는 생물학적 특성에 해당한다. 생활습관요인으로는 여가활동위험, 소비패턴, 직업성 위험 등이 포함된다.

전인적 모형의 구성요인

(1) **환경(Environment)**: 물리적 환경과 사회적·심리적 환경을 포함. 개인의 주변에 있는 모든 내외적 환경은 건강과 질병에 직·간접적으로 영향을 주고 있음

(2) **생활습관(Life Style)**: 질병과 위험에의 노출은 자기 자신에 의한 책임이 상당 부분 있으며, 여가 활동, 소비 패턴, 식생활습관 등은 개인의 건강에 지대한 영향을 끼침

(3) **생물학적 특성(Human Biology)**: 유전적 소인 등과 같은 내적 요인은 질병 발생에 영향을 주는 중요한 요인 중의 하나임. 각 개인의 생물학적 특성에 따라 질병에 대한 감수성은 차이를 보임

(4) **보건의료체계(Health Care System)**: 포괄적인 개념으로 예방적 요소, 치료적 요소, 재활적 요소 등을 포함함

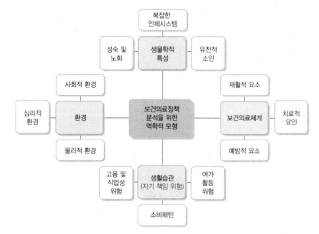

10 [난이도 상]

「정신건강증진 및 정신질환자 복지서비스 지원에 관한 법률」

(1) "정신건강증진시설"이란 정신의료기관, 정신요양시설 및 정신재활시설을 말한다.

(2) "정신의료기관"이란 주로 정신질환자를 치료할 목적으로 설치된 다음 각 목의 어느 하나에 해당하는 기관을 말한다.
① 「의료법」에 따른 정신병원
② 「의료법」에 따른 의료기관중 제19조 제1항 후단에 따른 기준에 적합하게 설치된 의원
③ 「의료법」에 따른 병원급 의료기관에 설치된 정신건강의학과로서 제19조 제1항 후단에 따른 기준에 적합한 기관

(3) "정신요양시설"이란 제22조에 따라 설치된 시설로서 정신질환자를 입소시켜 요양 서비스를 제공하는 시설을 말한다.

(4) "정신재활시설"이란 제26조에 따라 설치된 시설로서 정신질환자 또는 정신건강상 문제가 있는 사람 중 대통령령으로 정하는 사람(이하 "정신질환자등"이라 한다)의 사회적응을 위한 각종 훈련과 생활지도를 하는 시설을 말한다.

11 [난이도 중]

해설

① 미세먼지(PM – 2.5) – 35μg/m³ 이하.
   미세먼지(PM – 10) – 75μg/m³ 이하
② 이산화탄소 – 1000ppm(0.1%) 이하
③ 1층 및 지하 교사의 석면 기준은 0.01개/cc 이하
④ 교무실 및 행정실의 오존 농도는 0.06ppm 이하

12 [난이도 중]

해설

보건행정의 특성

(1) **공공성 및 사회성**: 보건의료서비스는 사회·경제적 특성상 공공재적 성격의 서비스이다. 따라서 정부는 사회구성원인 국민의 건강 향상을 위하여 노력하게 된다.

(2) **봉사성**: 현대 행정은 국민의 행복과 복지를 위해 직접 개입하여 서비스를 제공하게 된다. 보건행정도 국민의 건강 향상을 위하여 적극적으로 서비스를 제공하는 봉사성을 지닌다.

(3) **조장성 및 교육성**: 국민의 건강을 향상시키기 위해 무엇보다도 중요한 것은 건강한 환경 조성 및 건강 행위를 실천하도록 하는 것이다. 이를 위하여 부단히 교육하고, 자발적인 참여를 하도록 분위기를 조장해야 한다. 또한 보건의료요원들에 대한 교육 역시 중요하다.

(4) **과학성 및 기술성**: 보건의료서비스의 제공은 보건의료에 대한 지식과 기술을 갖춘 사람이 하게 된다. 따라서 과학적이고 기술행정적인 성격을 지닌다.

13 [난이도 상]

해설

① 공중보건학이란 어떤 개인의 건강 문제를 중심으로 다루는 학문이 아니고 사회, 경제, 문화적 요인 등 광범위한 사회과학적 접근에 의한 건강을 증진·향상시킬 목적으로 연구하는 학문이라 할 수 있다.

② Winslow는 "공중보건학이란 조직적인 지역사회의 노력을 통하여 질병을 예방하고 생명을 연장시키며, 신체적·정신적 효율을 증진시키는 기술이며 과학이다."라고 정의하였다.

③ 역학적인 연구방법과 통계학을 이용한 질병의 위험인자 및 위험요인을 구명하는 학문은 예방의학이다. 공중보건학은 역학적 연구방법과 통계학을 이용한 지역사회 진단을 통해 인구의 건강수준 평가, 의료수요/요구도/이용양상 파악, 지역사회 특성과 자원 파악등을 통해 문제를 진단하고 목표를 수립한다.

14 [난이도 상]

해설

디에틸헥실프탈레이트(DEHP)는 하천의 사람건강보호기준 항목에 해당한다.

> **먹는물 수질기준 중 소독제 및 소독부산물질에 관한 기준**
>
> 가. 잔류염소(유리잔류염소를 말한다)는 4.0mg/L를 넘지 아니할 것
> 나. 총트리할로메탄은 0.1mg/L를 넘지 아니할 것
> 다. 클로로포름은 0.08mg/L를 넘지 아니할 것
> 라. 브로모디클로로메탄은 0.03mg/L를 넘지 아니할 것
> 마. 디브로모클로로메탄은 0.1mg/L를 넘지 아니할 것
> 바. 클로랄하이드레이트는 0.03mg/L를 넘지 아니할 것
> 사. 디브로모아세토니트릴은 0.1mg/L를 넘지 아니할 것
> 아. 디클로로아세토니트릴은 0.09mg/L를 넘지 아니할 것
> 자. 트리클로로아세토니트릴은 0.004mg/L를 넘지 아니할 것
> 차. 할로아세틱에시드(디클로로아세틱에시드, 트리클로로아세틱에시드 및 디브로모아세틱에시드의 합으로 한다)는 0.1mg/L를 넘지 아니할 것
> 카. 포름알데히드는 0.5mg/L를 넘지 아니할 것

15 [난이도 상]

해설

① **단순회귀분석**: 두 연속변수 간의 관계를 수식으로 나타내는 통계적 기법이다.

② **상관분석**: 두 연속변수 간의 관련성의 세기를 검토하는 방법이다.

③ **다중회귀분석**: 많은 연속변수들간의 복합적인 관계를 측정하는 수단이다. 여러 요인들과 종속변수와의 복합적인 관계를 수직으로 표현하고 이들 요인들과 종속변수와의 관련성 정도를 측정하는 방법이다.

④ **카이제곱검정**: 독립변수와 종속변수가 모두 명목변수일 때 두 변수 간의 관련성을 알아보는 방법이다.

16 [난이도 중]

해설

① **공통점에 근거하는 방법(Method of Agreement)**: 예를 들면 폐암에 걸린 사람들의 대부분이 흡연자라든가, 어느 마을에서 콜레라에 걸린 사람들의 대부분이 그 지역 상가에 조문 갔다가 음식을 대접받은 사람들이라면, 전자는 흡연, 후자는 상가 음식이 해당 병의 원인일 것이라는 가설

② **차이점에 근거하는 방법(Method of Difference)**: 관찰하고자 하는 사건이 일어난 집단과 일어나지 않은 집단과의 차이점이 존재한다면 그 차이점이 바로 해당 사건의 원인일 가능성이 있다는 논리

③ **동시에 변화하는 점에 근거하는 방법(Method of Concomitant Variation)**: 연구하고자 하는 사건이 어떤 다른 사건이 변화함에 따라 변화한다면 후자는 전자의 원인일 가능성이 있다는 논리

④ **유사점(동류성)에 근거하는 방법(Method of Analogy)**: 어떤 감염성 질환의 호발 연령, 호발 계절, 전파 방법, 증상 등이 이미 알려진 병과 비슷하다면 이 병의 원인균도 비슷한 종류의 것으로 유추할 수 있다는 논리

17 [난이도 중]

> 해설

석면은 자연계에서 산출되는 섬유상 광물의 총칭으로 부드러우면서 내화성, 내마모성, 내약품성에 뛰어나 우리 주변의 많은 제품에 사용되었다. 특히 석면타일, 석면슬레이트 등의 건축용 자재와 가정용품, 전기제품 등에 널리 쓰였지만 석면섬유가 흡입되어 장기간 노출될 경우 석면폐증, 악성 중피종 및 폐암 등을 발생시키는 위해성이 큰 물질로 알려지면서 현재 석면관리를 위해 다양한 정책을 수립중이다.

• 석면, 라돈, 포름알데히드 – IARC Group 1(인체발암물질)
• 수은 – IARC Group3(인체발암성미분류물질)

18 [난이도 상]

> 해설

체열의 생산			체열의 방산		
부위	cal	%	부위	cal	%
골격근	1,000	59.5	피부복사전도	1,792	73.0
간	368	21.9	피부 증발	364	14.5
신장	74	4.4	폐포 증발	182	7.2
심장	60	3.6	호흡	84	3.5
호흡	47	2.8	분뇨	48	1.8
기타	131	7.8			
계	1,680	100	계	2,470	100

19 [난이도 하]

> 해설

습식산화법은 고압(70~80기압)하에서 고온(200~250℃)을 가하고 충분한 산소를 공급하여 소각하는 방법으로 병원균이 완전히 사멸되므로 위생적이고, 진개의 발생도 없다.

20 [난이도 하]

> 해설

산업재해보상보험의 원리

(1) **무과실책임주의**: 사용자의 과실유무에 상관없이 고용으로 인하여 또는 고용 중에 근로자에게 발생한 사고와 업무상 질병에 대해 사용자에게 책임을 부과하는 것을 의미한다.

(2) **정률보상방식**: 피해근로자의 연령, 직종, 근무 기간 등의 제반 조건을 고려하지 아니하고 당해 근로자의 평균 임금을 기초로 법령에서 정하는 기준에 따라 획일적으로 산정하여 보상하는 방식이다.

(3) **사회보험방식**: 기업의 사회적 책임이란 인식하에 총체로서의 기업인 국가가 보상 주체가 되는 것을 의미한다.

(4) **현실우선주의**: 업무상 재해로 인하여 보험급여를 지급하는 경우에 현실의 부양 상태를 고려하는 특징이 있다. 따라서 사실혼 관계에 의하여 유족보상금을 지급하는 경우에 그 수급권자의 순위에 있어서 사망 당시 부양하고 있던 배우자를 우선 순위로 하여 지급하도록 하고 있다.

제7회 최종 모의고사

01	02	03	04	05	06	07	08	09	10
②	②	④	③	②	①	②	①	③	③
11	**12**	**13**	**14**	**15**	**16**	**17**	**18**	**19**	**20**
④	④	③	③	④	①	④	③	①	②

01 [난이도 중]

해설

「검역법」에 따른 검역대상 감염병
① 콜레라
② 페스트
③ 황열
④ 중증급성호흡기증후군
⑤ 동물인플루엔자인체감염증
⑥ 신종인플루엔자
⑦ 중동 호흡기 증후군(MERS)
⑧ 에볼라바이러스병
⑨ ①~⑧ 이외의 감염병으로서 외국에서 발생하여 국내로 들어올 우려가 있거나 우리나라에서 발생하여 외국으로 번질 우려가 있어 질병관리청장이 긴급 검역 조치가 필요하다고 인정하여 고시하는 감염병(급성출혈열증상, 급성호흡기증상, 급성설사증상, 급성황달증상 또는 급성신경증상을 나타내는 신종감염병증후군, 세계보건기구가 공중보건위기관리 대상으로 선포한 감염)

---

02 [난이도 상]

해설

제5차국민건강증진종합계획(Health Plan 2030)
(1) **비전**: 모든 사람이 평생건강을 누리는 사회
　① 모든 사람: 성, 계층, 지역 간 건강형평성을 확보, 적용 대상을 모든 사람으로 확대
　② 평생 건강을 누리는 사회: 출생부터 노년까지 전 생애주기에 걸친 건강권 보장, 정부를 포함한 사회 전체를 포괄
(2) **목표**: 건강 수명 연장, 건강 형평성 제고
　① 건강수명: '30년까지 건강수명 73.3세 달성('18. 70.4세 → '30 추계치 73.3세)
　② 건강형평성: 건강수명의 소득간, 지역간 형평성 확보
　　㉠ 소득 – 소득수준 상위 20%의 건강수명과 소득수준 하위 20%의 건강수명 격차를 7.6세 이하로 낮춘다.
　　㉡ 지역 – 건강수명 상위 20% 해당 지자체의 건강수명과 하위 20% 해당 지자체의 건강수명의 격차를 2.9세 이하로 낮춘다.

03 [난이도 상]

해설

위해성평가는 어떤 독성물질이나 위험상황에 노출되어 나타날 수 있는 개인 혹은 인구집단의 건강 피해 확률을 추정하는 과학적인 과정 위험성평가, 용량–반응평가, 노출평가, 위해도결정의 과정으로 이루어진다. 위해성평가를 통해 위해도가 결정되면 그 결과를 토대로 화학물질 규제와 같은 위해도 관리가 이루어진다. 위해성평가의 궁극적인 목적은 위해도 관리이다.

04 [난이도 하]

해설

구분	내용	예
증식형	매개 곤충 내에서 병원체가 수적 증식만 한 후 전파하는 형태	• 모기: 일본뇌염, 황열, 뎅기열 • 쥐벼룩: 페스트 • 벼룩: 발진열 • 이: 발진티푸스, 재귀열
발육형	매개 곤충 내에서 수적 증식은 없지만 발육하여 전파하는 형태	모기: 사상충증
발육 증식형	매개 곤충 내에서 병원체가 발육과 수적 증식을 하여 전파되는 형태	• 모기: 말라리아 • 체체파리: 수면병
배설형	매개 곤충 내에서 증식한 후 장관을 거쳐 배설물로 배출된 것이 상처 부위나 호흡기계 등으로 전파되는 형태	• 이: 발진티푸스 • 벼룩: 페스트, 발진열
경란형	곤충의 난자를 통하여 다음 세대까지 전달되어 전파되는 형태	진드기: 록키산홍반열, 재귀열, 쯔쯔가무시증

05 [난이도 중]

해설

노인복지시설의 종류(「노인복지법」제31조)
① 노인주거복지시설: 양로시설, 노인공동생활가정, 노인복지주택
② 노인의료복지시설: 노인요양시설, 노인요양공동생활가정
③ 노인여가복지시설: 노인복지관, 경로당, 노인교실
④ 재가노인복지시설: 방문요양서비스, 주·야간보호서비스, 단기보호서비스, 방문목욕서비스 등을 제공함을 목적으로 하는 시설
⑤ 노인보호전문기관
⑥ 노인일자리지원기관
⑦ 학대피해노인 전용쉼터

---

06 [난이도 상]

해설

미세먼지 발생원인 및 건강영향

(1) 먼지의 발생원인은 자연적인 원인과 인위적인 원인으로 구분되나, 인위적인 발생이 대부분이다. 인위적인 발생원은 대부분 연료 연소에 의해 발생되며, 보일러, 자동차, 발전시설 등의 배출물질이 주요 발생원이다.

(2) 미세먼지 PM-2.5는 자동차, 화력발전소 등에서 배출된 1차 오염물질의 대기 중 반응에 의한 2차 오염물질 생성이 주요 발생원이며, 주로 황산염, 질산염, 유기탄소 등으로 구성되어 있다.

(3) 먼지의 건강영향은 먼지 크기에 따라 좌우되는데 10 이하의 미세먼지가 주로 문제가 되고 있다. 특히 PM-2.5에는 황산염, 질산염, 중금속 등의 성분이 상대적으로 높고 폐 깊숙이 침투하기 때문에 PM-10보다 더 유해하다. 미세먼지는 폐속으로 쉽게 흡입되고, 이중 아주 작은 입자들은 폐포에 도달할 가능성이 높으며, 폐에 장기간 남아있고 혈류 속으로 흡수될 수도 있다.

07 [난이도 중]

해설

장염비브리오식중독의 원인균인 장염비브리오균(Vibrio Parahemolyticus)은 호염균으로 바닷물의 온도가 19℃ 이상 되는 시기의 바닷물 중에서 활발하게 증식하여 5~11월에 발생(기온이 30℃ 넘는 7~9월에 집중적으로 발생)한다. 주요 원인식품은 굴, 새우, 조개, 오징어, 낙지, 생선 등과 같은 해산 어패류며 잠복기는 평균 12시간(섭취 후 24시간 이내 발생)이다. 감염시 복통, 설사, 구토를 주 증상으로 하는 급성위장염증상을 보이고 발병 12시간이 지나면 증상이 완화되고 2~3일 내에 회복된다.

08 [난이도 하]

해설

조산아 4대 관리: 체온관리, 영양관리, 호흡관리, 감염방지

09 [난이도 상]

해설

PRECEDE-PROCEED 모형

(1) **1단계 사회적 사정(Social Assessment):** 인구 집단을 대상으로 상황을 분석하여 삶의 질 정의하고 우선순위 설정를 설정한다.

(2) **2단계 역학적 사정(Epidemiological Assessment):** 1단계에서 선정된 문제를 해결하기 위한 목적 설정을 위해 건강 문제나 건강 지표 자료를 분석하여 건강문제를 확인하고 건강문제와 관련된 유전, 행동, 환경요인을 진단한다.

(3) **3단계 교육 · 생태학적 사정(Educational & Ecological Assessment):** 건강 행동에 영향을 줄 수 있는 요인 중 변화시킬 수 있는 요인들을 파악하고 앞 단계에서 건강과 삶의 질에 영향을 미치는 것으로 파악된 요인들을 변화시킬 수 있는 교육적 방법 개발한다. 건강 행태 및 환경 변화의 결정요인 범주는 소인성요인, 가능요인, 강화요인으로 구분한다.

(4) **4단계 행정적 · 정책적 사정 및 개입 조정(Administrative and Policy Assessment, Intervention Alignment):** 프로그램 실행 전 행정적 정책적 요인을 파악하고 자원 활용 가능성, 예산 확보와 배분 조직상 장애요인 등을 파악한다.

(5) **5단계 실행(Implementation)**

(6) **6단계 과정 평가(Process Evaluation):** 프로그램을 실행하는 과정에서 평가함으로써 문제를 발견하여 수정할 수 있다.

(7) **7단계 영향 평가(Impact Evaluation):** 프로그램 실행의 즉각적, 단기적 효과를 평가한다.

(8) **8단계 결과 평가(Outcome Evaluation):** 프로그램 실행의 궁극적, 장기적인 결과인 건강지표와 삶의 질을 평가한다.

10 [난이도 하]

해설

(1) **산재재보험:** 1964년 시행

(2) **건강보험(의료보험):** 1977년 시행

(3) **국민연금:** 1988년 시행

(4) **고용보험:** 1995년 시행

11 [난이도 상]

해설

보건의료체계의 하부구성요소

(1) **보건의료자원:** 인력(의료인력 및 보건행정 요원, 기타인력), 시설(병의원, 약국, 보건소 등의 보건기관, 실험실을 비롯한 폐수처리장 등), 보건의료 장비 및 기술(질병과 관련된 장비, 검사도구 및 의약품, 백신, 안경, 보청기, 의수족 등)

(2) **보건의료조직:** 국가보건의료당국, 건강보험프로그램, 비정부기관(NGO), 독립적 민간 부문 등

(3) **보건의료재정:** 공공재원, 민간기업, 조직화된 민간기관, 지연사회에 의한 지원, 외국의 원조, 개인 지출, 기타 재원(복권판매 수익금, 기부금)

(4) **보건의료관리:** 지도, 의사결정(기획, 실행 및 실천, 감시 및 평가, 정보 지원), 규제

(5) **보건의료서비스 제공:** 1차, 2차, 3차 보건의료

12 [난이도 중]

해설

① 오타와 회의 - 1986년 제1차 회의. 오타와헌장 발표, 건강증진 정의 및 접근전략, 우선순위 활동영역 제시

② 애들레이드 회의 - 1988년 제2차 회의 주요의제: "건전한 공공 정책의 수립" - 여성보건을 지원하는 정책, 영양 정책, 알코올 · 금연 정책, 환경과 관련된 정책

③ 헬싱키 회의 - 2013년 제8차 회의 주요 의제: "모든 정책에서 보건(HiAP; Health in All Policies)"

④ 상하이 회의 - 2016년 제9차 회의 주요의제: "모든 사람에게 건강을, 모든 것은 건강을 위해(Health for All and All for Health"

13 [난이도 중]

해설

① 카드뮴에 의한 건강장애로는 신장장애, 단백뇨, 골연화증 등이 있으나 카드뮴은 화학적 원인에 해당한다.
② 고온 - 열중증 / 한랭 - 참호족
④ 진동 - 레이노드병 / 압력 - 감압병, 잠함병

14 [난이도 상]

해설

건강조사(학교건강검사규칙 제4조의 2)

(1) 건강조사는 병력, 식생활 및 건강생활 행태 등에 대해서 실시하여야 한다.
(2) **건강조사 항목**: 예방접종/병력, 식생활/비만, 위생관리, 신체활동, 학교생활/ 가정생활, 텔레비전/인터넷/음란물의 이용, 안전의식, 학교폭력, 흡연/음주/약물의 사용, 성의식, 사회성/정신건강, 건강 상담
(3) **조사방법**: 시·도교육감은 위 조사항목 및 내용을 포함한 구조화된 설문지를 마련하고, 학교의 장을 통하여 조사할 수 있도록 한다.

15 [난이도 상]

해설

(1) 유행곡선의 작성
  ① 유행곡선은 시간(날짜)을 X축으로 하고 환자 수를 Y축으로 표시한 그림을 말한다. Y축에 들어가는 환자는 반드시 해당 시간에 새로 발생한 환자(신환자)여야 한다.
  ② 유행곡선을 분석하면 이 유행의 단초가 된 공동 노출일을 추산할 수 있을 뿐 아니라, 전파 양식이나 2, 3차 유행의 여부를 확인할 수 있다.
(2) 유행곡선의 이용
  ① 해당 질병의 잠복기 분포, 최단 잠복기와 평균잠복기, 최장 잠복기 확인
  ② 잠복기 분포를 이용하여 병원체 종류 추정
  ③ 잠복기 분포를 이용하여 공동노출일이 언제인지 추산
  ④ 전파 양식 추정(공동 매개 전파, 사람간 전파 등)
  ⑤ 단일 노출인지 다중 노출인지 파악
  ⑥ 2차나 3차 유행여부 확인
  ⑦ 유행규모 파악
  ⑧ 향후 유행의 진행 여부와 규모 예측

16 [난이도 중]

해설

- Bryant 우선순위결정기법: 문제의 크기(유병도), 문제의 심각성, 사업의 해결가능성(난이도, 효과성), 주민의 관심도
- BPR기법: 문제의 크기(유병률, 발생률), 심각도, 사업의 효과성

17 [난이도 하]

해설

2차오염물질은 1차오염물질이 대기 중에서 오염물질 간 상호작용, 가수분해, 산화, 광화학반응 등 물리·화학적 반응을 거쳐 새롭게 형성되어진 오염물질을 말한다. 오존, PAN류, 알데히드, 스모그 등이 해당된다.

18 [난이도 중]

해설

살수여상법

큰 돌을 겹쳐서 여과조를 만들고 여기에 하수를 살포하면 돌에 증식되는 미생물과 더불어 생물 막을 형성하게 하는데, 표면의 미생물은 호기적 활동을 하며, 막의 저부에서는 산소의 공급이 단절되므로 혐기성 미생물의 증식에 의한 혐기성 작용이 진행되므로 살수여상법은 통성 혐기성 처리라 할 수 있다. 살수여상법은 주로 산업폐수처리나 분뇨의 소화처리 후 탈리액(脫離液)의 처리에 이용되는 방법으로 수량이 갑자기 바뀌어도 조치가 가능(수량변동에 유리함)한 장점이 있으나, 여름철에 위생 해충의 발생 및 악취가 심하며 높은 수압이 필요하다.

19 [난이도 중]

해설

조직의 원리

(1) **계층제의 원리**: 권한과 책임의 정도에 따라 직무를 등급화함으로써 상하 계층 간의 직무상의 지휘, 복종관계가 이루어지도록 하는 것으로 역할의 수직적 분담 체계이다.
(2) **통솔 범위의 원리**: 한 사람의 관리자가 효과적으로 직접 감독·관리할 수 있는 하급자의 수를 적절하게 정하는 원리이다.
(3) **명령 통일의 원리**: 한 사람의 하위자는 오직 한 사람의 상관에 의해서만 지시나 명령을 받아야 한다는 원칙으로 명령일원화의 원칙이라 한다.
(4) **분업의 원리(전문화의 원리)**: 특정인이 담당하는 업무를 전문화하여 분업화시킴으로써 업무의 전문성과 정확·신속성을 기할 수 있다는 원칙이다.
(5) **조정의 원리(통합의 원리)**: 업무 수행에서의 중복성과 낭비를 배제하고 혼선을 방지하여 공동목표를 달성할 수 있도록 특정인에게 업무를 조정하는 역할을 부여하여야 한다는 원칙이다. 효과적인 조정을 하기 위해서는 의사소통이 촉진되어야 한다.

20 [난이도 중]

해설

(1) **욕구(Want)**: 소비자가 신체적 이상을 감지하고 의료서비스에 대해 소비의 필요를 느끼는 상태
(2) **필요(Need)**: 의료지식에 근거하여 전문 의료인이 소비자가 의료서비스를 이용할 필요가 있다고 판단하는 상태
(3) **수요(Demand)**: 특정 가격에 소비자가 구매의사를 가진 의료서비스의 양
(4) **미충족필요**: 의학적으로 필요는 있지만 의료이용을 하지 않은 상태

01	02	03	04	05	06	07	08	09	10
②	③	④	①	④	④	①	②	③	②
11	12	13	14	15	16	17	18	19	20
①	③	②	①	④	④	④	③	②	④

01 [난이도 상]

해설

지역사회 보건 다단계 접근(MATCH; Multilevel Approach To Community Health)

(1) 질병과 사고 예방을 위한 행동 및 환경적인 요인이 알려져 있고, 우선순위가 정해졌을 때 적용된다. 요구도에 대한 충분한 자료가 있어 프로그램의 목적을 선택하고 기술하는 것부터 시작한다.

(2) 개인의 행동과 환경에 영향을 주는 요인들을 개인부터 조직, 지역사회, 정부, 공공 정책 등 여러 수준으로 나누어 프로그램을 기획한다.

(3) MATCH 기획 단계(5단계)

① 목적 설정(Goal Selection)

② 중재 계획(Intervention Planning)

③ 프로그램 개발(Program Development)

④ 실행 준비(Implementation Preparation)

⑤ 평가(Evaluation)

02 [난이도 상]

해설

치매

(1) 치매는 후천적 뇌질환으로 기억장애를 포함한 다영역에 걸친 인지기능장애로 일상생활이나 사회생활에 장애를 겪는 상태를 말한다.

(2) ICD-10, DSM-IV, NINCDS-ADRDA등의 진단 기준을 적용하여 진단한다.

(3) 치매는 신경퇴행성질환 중 가장 흔한 질환으로 65세 이상 인구에서 2.2~8.4%의 유병률을 보이는데 미주 및 유럽지역이 아시아지역에 비해 더 높다. 유병률은 65세 이후 매 5세마다 2배씩 증가한다. 국내 유병률은 65세 이상 6.8~12.8%로 지역, 시기 및 조사방법에 따라 차이가 있으나 최근 전국 조사 결과 8.4%이었다.

(4) 경도인지장애(mild cognitive impairment, MCI)는 정상에서 치매로 이행되는 중간단계인데 인지기능장애는 있으나 일상생활 수행능력의 장애는 없는 상태이나 연간 10~15%가 치매로 이행한다. 잘 관리할 경우 치매의 평균 생존기간은 10년 이상으로 알츠하이머 형에서 더 길다.

(5) 위험인자는 나이, 여성, 유전적 요인 이외에 우울증, 두부손상 등 요인들이 있다. 고혈압, 뇌졸중, 흡연, 음주, 비만, 고콜레스테롤혈증, 고호모시스테인혈증 등 심혈관질환 위험요인 조절은 혈관성 치매뿐 아니라 알츠하이머병 예방에도 중요하다.

(6) 규칙적 운동, 교육, 지적 자극 등은 중요한 예방인자이며 NSAID 복용, 항산화제, 항우울요법, 지질강하제, 호르몬 대체요법 등도 예방효과가 보고되고 있다.

(7) 치매는 생애초기부터 시작하여 전생애에 걸쳐 진행되므로 조기예방이 매우 중요하다. 많은 위험인자가 심혈관질환의 위험인자와 중복되므로 생활습관병 예방프로그램과 연계한 예방프로그램의 수립도 중요하다.

03 [난이도 상]

해설

예측도

(1) 질병을 진단하는 데 있어서의 검사도구의 효용성을 평가한다.

(2) **양성예측도**: 검사 결과가 양성인 사람이 실제 질병이 있는 환자일 가능성

(3) **음성예측도**: 검사 결과가 음성인 사람이 실제 질병이 없는 사람일 가능성

(4) 예측도는 검사법의 민감도와 특이도, 그리고 해당 인구집단의 유병률에 의해 결정된다. 해당 집단의 유병률이 높은 집단에서는 양성예측도가 높아지고, 음성예측도가 낮아진다.

(5) 예측도는 임상에서 많이 사용하는 지표이다. 예를 들어 어떤 검사를 시행 후 의사가 환자에게 "검사 결과가 암의 확률이 90%정도입니다." 라고 얘기한다면 그렇게 말할 수 있는 근거는 이 검사에서 진단결과 양성으로 나올 경우 질병이 있을 확률인 양성예측도가 90%라는 뜻이 된다.

04 [난이도 중]

해설

소각법의 장단점

(1) 장점

① 잔유물이 적고(무게, 부피 감소) 매립에 적합함

② 기후 및 기상에 영향을 받지 않음

③ 설치 소요 면적이 적음

④ 시의 중심부에 설치할 수 있으며 운송비를 줄일 수 있음

⑤ 병원성 균, 부패성 유기물, 유독성 성분을 소각하면 연소 과정을 통해 위생적으로 처리됨

⑥ 폐열을 이용할 수 있음

(3) 단점

① 소각 시설 건설 부지의 취득에 어려움이 있음

② 건설비가 많이 듦

③ 운전 관리비가 많이 들고, 전문 숙련공이 필요함

④ 대기오염의 우려가 있으며 방시 시설을 하여야 함

05 [난이도 상]

해설

전리방사선: 주위의 물질을 이온화시킬 수 있는 에너지를 가진 방사선

(1) **X-선**: 일반적인 전자파보다는 에너지가 훨씬 강하며 투과력도 강하다. 병원에서 진단이나 치료 목적으로 이용함

(2) **감마선(γ)**: 방사성원자가 붕괴할 때 방출되며 투과력이 강하다. 암 치료 등에 이용된다.

(3) **알파입자(α)**: 자연적으로 존재하는 우라늄과 플루토늄과 같은 인공방사성 원소로부터 나온다. 투과력은 아주 약하여 종이 한 장으로도 차단할 수 있음

(4) **베타입자(β)**: 방사성원자의 원자핵으로부터 나오는 전자로 투과력이 알파 입자보다 강하다. 과도한 노출 시 피부화상을 일으킨다.

(5) **중성자**: 투과력이 강한 입자이며 상대방 물질을 방사성물질로 만들 수 있음

06 [난이도 중]

해설

Golden diamond 방식

(1) 미국의 매릴랜드 주에서 보건지표 상대적 크기와 변화의 경향을 이용하여 우선순위를 결정한 방식이다.

(2) 우선순위를 결정할 주요 건강문제를 선정한 뒤 이들 건강문제의 이환율과 사망률 그리고 변화의 경향을 미국 전체와 비교하여 "주가 좋음", "같음", "주가 나쁨"으로 구분하고, 이를 "황금다이아몬드" 상자에 표시한다.

(3) 1순위 사업은 미국 전체에 비해 주의 지표가 좋지 않고, 변화 추세도 나쁜 경우이다.

(4) 이 방법은 자치단체별 건강지표가 확보 가능하고, 과거의 추세를 알 수만 있다면 쉽게 우선순위를 정할 수 있으며, 형평성을 추구하는데 매우 적합한 방법이다.

07 [난이도 중]

해설

역학적 삼각형 모형은 질병 발생을 병인, 숙주, 환경의 세 가지 요소로 설명하는 모형으로 감염성 질환을 설명하는 데 적절하며 비감염성 질환은 설명되지 않는 경우가 많다.

문제의 경우 세균성 이질균에 감염됨으로 인해 질병에 이환된 경우 이므로 역학적 삼각형 모형으로 설명하기 적합하다.

08 [난이도 하]

해설

기술역학은 인구 집단에서 건강, 질병 현상을 시간적(Time), 지역적(Place), 인적(Person) 변수별로 기술하여 건강, 질병 빈도 차이를 일으키는 요인이 무엇인지에 대한 가설을 생성하는 역학 연구이다.

09 [난이도 중]

해설

① 격리기간은 세대기를 고려하여 정하는 것이지 세대기 동안만 하는 것은 아니다.

② 검역기간은 질병의 최대잠복기간이다.

④ 위장관 감염병은 일반적으로 증상이 소멸된 뒤 병원체가 배출된다. 환자 발견 뒤 시행하는 격리 조치는 전파 예방에 효과적이며 증상 없어진 후에도 병원체 배출하므로 이 시기 중에도 격리 지속해야 한다.

10 [난이도 중]

해설

기후 순화(Acclimatization)

기온이 변화하면 인간은 신체적·정신적으로 변화를 일으키게 되어 질병이 발생될 수 있다. 하지만 인간은 새로운 환경에 적응하기 위하여 자신을 변화시키는 기후 순화를 일으킨다. 즉, 한 기후 지역에서 시간의 경과에 따라 체질 변화 등을 일으켜 그 기후에 적응하게 되는 것을 말한다.

(1) **대상성 순응**: 새로운 환경 조건에 세포 또는 기관이 그 기능을 적응하는 것

(2) **자극적 순응**: 환경자극에 의해 저하되었던 기능이 정상적으로 회복되는 것

(3) **수동적 순응**: 약한 개체가 자신에 대한 최적의 기능을 찾는 것

11 [난이도 상]

해설

유의확률(p-value)

(1) **유의확률**: 조사한 관측 값으로부터 참인 귀무가설을 기각할 수 있는 최소의 유의수준

(2) 유의확률은 표준정규분포를 이용하여 확인한다.

(3) p-value가 0.05보다 작으면 제1종 오류를 범할 확률이 0.05보다 작다는 의미로 귀무가설을 기각하고 대립가설을 채택한다.

> • p-value < 유의수준(일반적으로 0.05)
>   → 귀무가설을 기각
> • p-value ≥ 유의수준(일반적으로 0.05)
>   → 귀무가설을 기각하지 못함

(4) p-value가 유의수준 0.05보다 작다는 것은 통계적으로 유의하다는 것을 의미할 뿐이지 의학, 보건학적인 연관성에 대한 유의성을 의미하는 것은 아닐 수 있다.

※가설설정

① 귀무가설(영가설, null hypothesis, H_0): 이제까지 연구되어진 기존의 사실(연구자의 가설과 반대되는 가설)

② 대립가설(연구가설, alternative hypothesis, H_1): 연구자가 주장하고자 하는 가설

※가설검정에서 발생하는 오류

① 제1종 오류(α): 참인 귀무가설을 기각하고 틀린 대립가설을 채택하는 오류

② 제2종 오류(β): 틀린 귀무가설을 채택하고 참인 대립가설을 기각하는 오류

12 [난이도 중]

액적(연무, Mist)은 가스나 증기의 응축에 의하여 생성된 대략 2~200μm 크기의 입자상 물질로 매연이나 가스상 물질보다 입자의 크기가 크다.

① **훈연(흄, fume)**: 보통 광물질의 용해나 산화 등의 화학 반응에서 증발한 가스가 대기 중에서 응축하여 생기는 0.001~1μm의 고체입자(납, 산화아연, 산화우라늄 등에서 생성)

② **분진(dust)**: 일반적으로 미세한 독립 상태의 액체 또는 고체상의 알맹이, 10μm 이상의 크기를 가지며 비교적 무거워서 침강하기 쉬운 것을 강하분진, 입자가 10μm 이하의 크기로 가벼워서 가라앉지 않고 장시간 공기 중에 부유하는 것을 부유분진이라 함

④ **매연(smoke)**: 연료가 연소할 때 완전히 타지 않고 남는 고체 물질로 매연은 1μm 이하 크기의 탄소입자, 검댕(Soot)은 1μm 이상의 크기를 갖고 있는 유리탄소 및 타르 물질이 응결된 것

13 [난이도 상]

특수사망률은 주어진 기간에 인구 집단에서 성, 연령, 직업 등의 인구 특성별로 구한 사망률로 성별 사망률, 연령별 사망률 등이 있다. 사인별특수사망률은 전체 인구집단 중 특정 원인으로 인한 사망자수로 계산한다. 상수는 1,000 혹은 100,000 등을 사용할 수 있으며 이 문제에서는 선택지에 1,000명당으로 명시하고 있으므로 상수로 1,000을 사용한다.

$$특수사망률 = \frac{\text{일정 기간 해당 집단의 사망자 수}}{\text{일정 기간의 특정 집단의 연평균}} \times 1,000$$
$$\text{(또는 중앙) 인구}$$

$$= \frac{50}{100,000} \times 1,000 = 0.5$$

14 [난이도 중]

① **폴리오**: 2개월, 4개월, 6~18개월, 만4~6세 접종
② **수두**: 12~15개월 접종
③ **홍역**: 12~15개월, 만4~6세 접종
④ **일본뇌염**
  • 사백신 – 12~23개월 2회 접종, 24~35개월, 만6세, 만12세 접종
  • 생백신 – 12~23개월 1회 접종, 24~35개월 접종

15 [난이도 중]

수은은 담수와 해수의 퇴적물 속 미생물에 의해 메틸화되며, 메틸수은은 육식 물고기 등의 수중 먹이사슬을 통해 축적된다. 임신 중에 수은에 노출될 경우 심한 뇌성마비, 정신운동부진, 저체중, 성장지연, 발달지연 등이 생길 수 있다.

16 [난이도 중]

식품첨가물의 구비조건
(1) 인체에 유해한 영향을 미치지 않을 것
(2) 식품의 제조·가공에 필수불가결한 것
(3) 식품 목적에 따른 효과는 소량으로도 충분할 것
(4) 식품에 나쁜 영향을 주지 않을 것
(5) 식품의 상품 가치를 향상시킬 것
(6) 식품의 영양가를 유지할 것
(7) 식품 성분 등에 의해서 그 첨가물을 확인할 수 있을 것
(8) 소비자에게는 이롭게 할 것

17 [난이도 중]

어느 지역의 보건수준과 모자보건 수준을 나타내는 대표적인 지표로는 영아사망률, 신생아사망률, 알파인덱스, 주산기사망률, 모성사망률 등이 있다. 이중 엄마인 모성의 건강상태가 반영이 되는 지표는 주산기사망률과 모성사망률이다.
주산기사망률은 임신 28주(23주) 이상의 사산과 생후 1주 미만의 신생아 사망으로 임신중독, 출생 시 손상, 난산, 조산아, 무산소증 및 저산소증, 조기파수 등이 주요 원인이다.

$$주산기사망률 = \frac{\text{임신 28주 이후 사산아 + 출생 1주 이내 사망아}}{\text{연간 출생아 수(태아사망 포함)}} \times 1,000$$

18 [난이도 상]

노테쉬타인과 톰슨(Notestein & Thompson)의 분류
인구의 성장을 공업화의 정도에 따라 분류한 것이다.
(1) **1단계**: 잠재적 성장 단계 – 고출생, 고사망
   산업 혁명 이전의 시기로 공업화되지 못한 국가에서 볼 수 있다. 다산다사형으로 향후 인구 증가가 예견되는 나라이다.
(2) **2단계**: 과도기적 성장 단계 – 고출생, 저사망
   경제 발전과 생활수준 향상으로 인해 사망률은 감소되지만 출생률은 그대로 지속되어 인구가 급속하게 증가하는 단계이다. 다산소사형이며 과도기적으로 인구가 증가하지만 향후 인구의 안정이 예견되는 나라이다.
(3) **3단계**: 인구 감소 단계 – 저출생, 저사망
   선진 공업 국가로 인구 감소기의 나라에서 나타나는 인구 성장 형태로, 소산소사형이다. 인구의 급속한 성장을 거친 후 감소기의 상태로 접어든 나라이다.

① 노테쉬타인과 톰슨은 인구의 성장을 공업화의 정도에 따라 3단계로 분류하였다. 블래커는 인구의 성장 단계를 3단계만으로 설명하기 부족하여 농경사회에서부터 기계문명이 고도로 발달된 현대사회로의 변천과정을 5단계로 세분화하였다.
② 고출생 저사망인 국가는 과도기적 성장단계에 해당한다.
④ 잠재적 성장단계는 산업 혁명 이전의 시기로 공업화되지 못한 국가에서 볼 수 있다.

19 [난이도 중]

해설

교육환경보호구역

(1) **교육환경보호구역 설정**
① 교육감은 학교경계 또는 학교설립예정지 경계(이하 "학교경계등"이라 한다)로부터 직선거리 200미터의 범위 안의 지역을 다음의 구분에 따라 교육환경보호구역으로 설정·고시하여야 한다.
② 절대보호구역: 학교출입문으로부터 직선거리로 50미터까지인 지역(학교설립예정지의 경우 학교경계로부터 직선거리 50미터까지인 지역)
③ 상대보호구역: 학교경계 등으로부터 직선거리로 200미터까지인 지역 중 절대보호구역을 제외한 지역
(2) **보호구역의 관리(「교육환경보호에 관한 법률 시행령」 제24조)**
① 학교의 장은 해당 학교의 보호구역 내 교육환경에 대한 현황 조사 및 보호구역 내 금지행위의 방지 등을 위한 계도 등을 한다. 다만, 학교가 개교하기 전까지의 관리는 보호구역을 설정한 자가 한다.
② 학교 간에 보호구역이 서로 중복되는 경우 그 중복된 보호구역에 대한 관리는 다음 각 호에 해당하는 학교의 장이 한다.
㉠ 상·하급 학교 간에 보호구역이 서로 중복되는 경우에는 하급학교. 다만, 하급학교가 유치원인 경우에는 그 상급학교로 한다.
㉡ 같은 급의 학교 간에 보호구역이 서로 중복될 경우에는 학생 수가 많은 학교
③ ②에도 불구하고 학교 간에 절대보호구역과 상대보호구역이 서로 중복되는 경우 그 중복된 보호구역에 대한 관리는 절대보호구역이 설정된 학교의 장이 한다.

20 [난이도 상]

해설

SWOT 분석을 통한 전략의 도출

	강점(내부, 긍정적)	약점(내부, 부정적)
기회 (외부, 긍정적)	강점 - 기회전략(SO) Maxi-Maxi 조직의 어떤 강점이 기회를 극대화하기 위해 사용될 수 있는가? 공격적 전략: 사업구조, 영역, 시장의 확대	약점 - 기회 전략(WO) Mini-Maxi 조직의 약점을 최소화하기 위해 확인된 기회를 활용하여 어떤 행동을 취할 수 있는가? 국면전환 전략: 구조조정, 혁신운동
위협 (외부, 부정적)	강점 - 위협 전략(ST) Maxi-Mini 확인된 위협을 최소화하기 위해 조직의 강점을 어떻게 사용할 것인가? 다각화 전략: 새로운 사업 진출, 새로운 시장, 새로운 기술, 새로운 고객	약점 - 위협 전략(WT) Mini-Mini 위협을 회피하기 위해 조직의 약점을 어떻게 최소화할 것인가? 방어적 전략: 사업의 축소나 폐기

01	02	03	04	05	06	07	08	09	10
③	④	①	④	②	①	③	③	②	①

11	12	13	14	15	16	17	18	19	20
④	①	②	④	③	④	②	③	②	④

01 [난이도 중]

해설

패널토의는 어떤 주제에 대해 대립되거나 다양한 견해를 가진 전문가 4~7명이 사회자의 진행에 따라 토의를 진행하는 방법이다. 제한시간 동안 전문가로부터 다각도의 의견을 들은 후 청중과의 질의·응답을 통해 청중의 참여를 촉진시킨다.

02 [난이도 하]

해설

① **칼슘(Ca)** – 골격, 치아형성, 우유 및 유제품, 녹색채소에 함유
② **인(P)** – 골격, 치아 형성, 곡류, 육류, 어패류 등의 식품에 함유
③ **철분(Fe)** – 혈색소의 구성성분으로 결핍시 철결핍성 빈혈, 간, 달걀노른자, 육류 등에 함유
④ **요오드(I)** – 갑상샘 호르몬의 구성성분인 티록신 형성, 결핍 시 갑상선종, 해조류에 함유

03 [난이도 중]

해설

홍역과 같은 호흡기계감염병은 사람간 전파가 쉽게 이루어지기 때문에 증식형 유행곡선의 양상을 보이게 된다.

유행곡선의 종류
(1) Unimodal curve(단일봉 유행곡선): 공동 오염원에 감수성 있는 사람들이 동시에 노출되었음을 의미한다. 이런 경우를 공동 오염원 단일노출에 의한 유행(point source epidemic)이라고 한다.
(2) 단일봉이지만 봉우리가 고원(plateau)을 형성하고 잠복기가 알려진 것보다 긴 경우는 오염된 감염원이 제거되지 않아 여러 번에 걸쳐 지속적으로 유행을 일으키는 경우에 나타난다.
(3) Multimodal curve(다봉형 유행곡선): 봉우리가 1개가 아니고 여러 개인 경우로 그 중에 흔한 것이 노출이 지속적으로 이루어지지 않고 간헐적으로 이루어져서 유행이 일어나는 것을 반복하는 것이다.
(4) Propagated curve(증식형 유행곡선): 사람 간 접촉(사람에서 사람)으로 연쇄성 전파가 일어나는 유행의 모습으로 불규칙한 봉우리 크기와 비교적 일정한 봉우리 간격을 특징으로 한다. 특히, 비말로 감염되는 호흡기감염병의 경우 그대로 유행을 두면 점차 유행곡선의 봉우리가 커지는 전형적인 증식형 유행곡선을 보인다.

04 [난이도 상]

건강도시계획의 핵심요소
(1) 고도의 정치적 공약
(2) 부문간 협조
(3) 지역사회 참여
(4) 기본적인 환경에서의 활동의 통합
(5) 도시건강의 윤곽과 지역활동계획의 개발
(6) 주기적 감시와 평가
(7) 참여적 연구와 분석
(8) 정보공유
(9) 대중매체의 참여
(10) 지역사회 내 모든 집단의 의견의 통합
(11) 건강도시계획의 지속을 위한 기제
(12) 지역사회의 발전과 개개인의 발전의 연계
(13) 국가 차원에서의 연계망과 국제사회 연계망의 구축을 포함

05 [난이도 중]

① **임시건강진단**: 같은 유해인자에 노출되는 근로자들에게 유사한 질병의 증상이 발생한 경우 등 고용노동부령으로 정하는 경우에는 근로자의 건강을 보호하기 위하여 사업주에게 특정 근로자에 대한 건강진단이다.
② **수시건강진단**: 특수건강진단 대상 업무로 인하여 해당 유해인자에 의한 직업성 천식, 직업성 피부 질환 등을 의심하게 하는 증상을 보이거나 의학적 소견이 있는 근로자에 대하여 실시하는 건강진단이다.
③ **특수건강진단**: 특수건강진단 유해요인을 취급하는 업무에 종사하는 근로자에 대하여 직업병의 조기발견을 위해 실시하는 정기건강진단으로 특수건강진단기관에서 실시한다. 화학물질 제조 및 취급자는 6개월에 1회, 기타 근로자는 1년에 1회 시행한다.
④ **일반건강진단**: 근로자의 질병을 조기에 찾아내어 적절한 사후 관리와 치료를 신속히 받도록 하여 근로자의 건강을 유지 및 보호하기 위해 실시하는 건강진단으로 사무직의 경우 2년에 1회, 사무직 이외 기타 근로자의 경우 1년에 1회 정기적으로 실시한다.

06 [난이도 상]

만성질환에 관련된 위험요인의 특성과 관리대책
(1) 만성질환은 다요인질병으로, 각 위험요인은 여러 만성질환에 공통적으로 기여하여 발생을 유발한다. 그림은 만성질환의 복합적인 원인들의 관계를 일련의 과정으로 나타낸 것이다.

(2) 사망/장애의 원인으로 큰 비중을 차지하는 주요 만성질환들은 중간단계의 위험요인으로 대부분 혈압 및 혈당 증가, 혈중지질 이상, 과체중/비만 등 생리적 이상상태(physiological abnormalities)를 가지고 있다. 이러한 생리적 이상상태는 일정한 기준에 따라 그 자체가 만성질환으로 정의될 수 있다.
(3) 개인수준의 위험요인에는 행태요인과 같이 변화 가능한 것들이 있고 나이와 유전적 감수성 등 변화 불가능한 것들도 있다. 이들은 그 다음 단계의 중단계 위험요인들에게, 혹은 최종단계의 주요 만성질환의 위험도를 높인다.
(4) 개인수준을 벗어나, 세계화, 도시화, 인구고령화 등의 거시적 결정요인들은 개인수준 위험요인들의 분포와 작용에 영향을 주는 인자들로 볼 수 있다.
(5) 이 그림에 따르면 만성질환 중재사업은 위험요인의 특성에 맞추어 설계되어야 하며, 모든 단계에 대한 포괄적인 접근이 필요함을 알 수 있다.

07 [난이도 중]

블래커(C. P. Blacker)의 분류(인구 성장 5단계)
(1) 1단계(고위 정지기): 고출생률과 고사망률인 인구정지형으로 인구증가 잠재력을 가지고 있는 후진국형 인구 형태이다.
(2) 2단계(초기 확장기): 저사망률과 고출생인 인구증가형으로 당분간 인구증가는 계속되는 경제 개발 초기 국가들의 인구 형태이다.
(3) 3단계(후기 확장기): 저사망률과 저출생률의 경향을 나타내는 인구 성장 둔화형으로 산업의 발달과 핵가족화 경향이 있는 국가들의 인구 형태이다.
(4) 4단계(저위 정지기): 사망률과 출생률이 최저에 달하는 인구증가 정지형이다.
(5) 5단계(감퇴기): 출생률이 사망률보다 낮아져서 인구가 감소하는 경향이 있는 감소형 국가의 인구 형태이다.

08 [난이도 하]

암모니아성 질소는 0.5mg/L에서 검출되지 아니할 것

09 [난이도 중]

포도상구균식중독
원인균인 황색포도상구균(Staphylococcus Aureus)의 외독소인 장독소에 의한 식중독이다. 장독소(Enterotoxin, 내열성 외독소인 장관독소)는 포도상구균이 식품 중에 증식하여 그 대사 산물로 생산하는 독소이며 내열성을 가지고 있어서 100℃에서 30분 가열로 무독화되지 않고, 완전히 파괴하는 데 210℃ 이상에서 30분 가열이 필요하다.

10 [난이도 중]

해설

지적온도(최적온도, Optimum Temperature)
(1) 체온 조절에 있어서 가장 적절한 온도를 직적온도라 하며 일반적인 최적온도는 여름 20~22℃, 겨울 18~21℃이다.
(2) **종류**
① 주관적 지적온도(= 쾌적 감각온도): 감각적으로 가장 쾌적하 느끼는 온도
② 생산적 지적온도(= 최고 생산온도): 생산 능률을 가장 많이 올릴 수 있는 온도
③ 생리적 지적온도(= 기능 지적온도): 최소의 에너지 소모로 최대의 생리적 기능을 발휘할 수 있는 온도

11 [난이도 중]

해설

합계 출산율(TFR; Total Fertility Rate)은 한 여자(15~49세 여성)가 일생 동안 평균 몇 명의 자녀를 낳는가를 나타내며 국가별 출산력을 비교하는 지표로 사용된다.

12 [난이도 상]

해설

비교위험도(RR; Relative Risk, 상대위험도)는 코호트 연구에서 특정 노출과 특정 질병발생 사이의 연관성 크기로 요인에 노출 집단과 비노출 집단의 질병발생률의 비로 산출한다. 질병요인과 발생간의 연관성의 크기를 측정할 수 있는 지표로 요인이 질병의 원인인가, 또는 얼마나 중요안 원인인가를 판단하는데 이용된다.

13 [난이도 중]

해설

스톡홀름 회의
(1) 1972년 113개국의 정상들이 스웨덴 스톡홀름에서 '인간환경 선언' 선포: 단 하나뿐인 지구를 보전하자는 공동 인식(The Only One Earth)
(2) '인간환경선언' 4대 원칙
① 인간은 좋은 환경에서 쾌적한 생활을 영위할 기본적 권리가 있다.
② 현재와 미래에 있어서 공기, 물 등의 자연생태계를 포함하여 지구의 천연자원이 적절히 계획, 관리되어야 한다.
③ 유해물질의 배출 등으로 생태계가 회복될 수 없는 상태로 악화되지 않도록 한다.
④ 경제 개발, 사회 개발, 도시화 계획 등의 모든 계획은 환경의 보호와 향상을 고려하여 계획되어야 한다.

14 [난이도 중]

해설

(1) **필수예방접종(감염병예방법 제24조)**
특별자치도지사 또는 시장·군수·구청장은 다음의 질병에 대하여 관할 보건소를 통하여 필수예방접종을 실시한다.
1. 디프테리아
2. 폴리오
3. 백일해
4. 홍역
5. 파상풍
6. 결핵
7. B형간염
8. 유행성이하선염
9. 풍진
10. 수두
11. 일본뇌염
12. b형헤모필루스인플루엔자
13. 폐렴구균
14. 인플루엔자
15. A형간염
16. 사람유두종바이러스감염증
17. 그 밖에 질병관리청장이 감염병의 예방을 위하여 필요하다고 인정하여 지정하는 감염병: 장티푸스, 신증후군출혈열
(2) **임시예방접종(법 제25조)**
특별자치도지사 또는 시장·군수·구청장은 다음 각 호의 어느 하나에 해당하면 관할 보건소를 통하여 임시예방접종을 하여야 한다.
① 질병관리청장이 감염병 예방을 위하여 특별자치도지사 또는 시장·군수·구청장에게 예방접종을 실시할 것을 요청한 경우
② 특별자치도지사 또는 시장·군수·구청장이 감염병 예방을 위하여 예방접종이 필요하다고 인정하는 경우

15 [난이도 중]

해설

(1) **검역감염병 접촉자에 대한 감시 등(법 제17조)**
① 질병관리청장은 제15조제1항제2호에 따라 검역감염병 접촉자 또는 검역감염병 위험요인에 노출된 사람이 입국 후 거주하거나 체류하는 지역의 특별자치도지사·시장·군수·구청장에게 건강 상태를 감시하거나 「감염병의 예방 및 관리에 관한 법률」에 따라 격리시킬 것을 요청할 수 있다.
② 특별자치도지사·시장·군수·구청장은 ①에 따라 감시하는 동안 검역감염병 접촉자 또는 검역감염병 위험요인에 노출된 사람이 검역감염병 환자등으로 확인된 경우에는 지체 없이 격리 등 필요한 조치를 하고 즉시 그 사실을 질병관리청장에게 보고하여야 한다.
③ ①에 따른 감시 또는 격리 기간은 보건복지부령으로 정하는 해당 검역감염병의 최대 잠복기간을 초과할 수 없다.

(2) 검역감염병의 최대 잠복기간(법 시행규칙 제14조의3)법 제17조제3항에 따른 검역감염병의 최대 잠복기간은 다음 각 호의 구분에 따른다.
　　1. 콜레라: 5일
　　2. 페스트: 6일
　　3. 황열: 6일
　　4. 중증 급성호흡기 증후군(SARS): 10일
　　5. 동물인플루엔자 인체감염증: 10일
　　6. 중동 호흡기 증후군(MERS): 14일
　　7. 에볼라바이러스병: 21일
　　8. 신종인플루엔자, 질병관리청장이 긴급 검역 조치가 필요하다고 인정하여 고시하는 감염병: 검역전문위원회에서 정하는 최대 잠복기간

16 [난이도 하]

해설

사회생태학적 모형은 개인의 행태적 요인의 중요성이 강조되는 모형으로, 개인의 행태는 심리적 및 사회적 요인과 밀접히 연관된다는 배경에서 사회학자나 심리학자의 입장을 대변하는 모형이다. 개인의 사회적, 심리학적, 행태적 요인을 중시하는 모형으로 숙주 요인, 외부환경 요인, 개인행태 요인의 세 가지 요인으로 구성되어 있다.

17 [난이도 중]

해설

대치(substitution)sms 유해하지 않은 물질을 사용하거나 유해하지 않은 공정으로 변경해 주는 것으로 위생대책의 근본방법이며 때로는 비용이 적게 들기도 하지만, 기술적인 어려움이 따른다.

18 [난이도 하]

해설

① 간흡충 – 왜우렁이 – 담수어(잉어, 붕어, 피라미 등)
② 광절열두조충 – 물벼룩 – 담수어(연어, 송어, 농어)
③ 요코가와흡충 – 다슬기 – 담수어(은어, 황어, 숭어)
④ 유구악구충 – 물벼룩 – 담수어(가물치, 메기, 뱀장어 등)

19 [난이도 상]

해설

① **평균편차**: 측정치와 평균치와의 편차에 대한 절댓값의 평균이다.
② **분산**: 측정치들이 평균을 중심으로 얼마나 떨어져 있는가를 표시한 값으로 편차의 제곱을 합하여 평균한 값이다.
③ **변이계수**: 표본의 산술평균을 100으로 환산할 때 표준편차는 산술평균 100에 대하여 그 크기가 얼마인지 알아보는 것이다. 두 개 이상의 산포도를 비교하려고 할 때 사용하는 지수로, 측정치의 크기가 매우 차이가 나거나 서로 다를 때 사용한다.
④ **표준편차**: 분산이 편차의 제곱을 사용하는 값이기 때문에 원래의 값에 근접하기 위해 다시 제곱근을 구한 값이다.

20 [난이도 중]

해설

정책 과정

(1) **정책의제 설정**: 사회문제 → 사회적 이슈 → 공중의제 → 공식의제
(2) **정책 결정**
　　① 공적 문제해결을 위해 미래의 합리적 정책대안을 탐색하고 평가 · 선택하는 일련의 동태적 · 역동적 과정이다.
　　② 정책결정 과정: 정책문제의 인지 → 목표의 설정 → 정보의 수집 및 분석 → 대안의 작성 및 평가 → 대안의 선택
(3) **정책 집행**: 정책집행자나 정책대상자의 순응 혹은 불응 발생
(4) **정책평가의 기준**: 효과성, 능률성, 대응성, 형평성, 적합성, 국민의 만족도

제10회 최종 모의고사

01	02	03	04	05	06	07	08	09	10
②	③	①	④	④	②	②	③	④	②
11	12	13	14	15	16	17	18	19	20
①	④	②	④	①	④	①	①	③	③

01 [난이도 상]

해설

만성질환 감시 원칙과 방법

(1) 만성질환 감시

① 만성질환에 관련 만성질환 발생과 해당 위험요인 노출에 대한 자료를 체계적으로 수집, 분석, 해석하여 정책결정자나 그 밖의 수요자에게 적시에 제공하는 활동이다.

② WHO에서는 주요 만성질환의 위험요인의 유병 정도를 파악하여 만성질환 예방과 관리를 위한 정책개발에 활용할 수 있도록 국가 단위의 감시활동을 권장하고 있다.

(2) WHO STEPS 사업

① 네 가지 주요 만성질환(심혈관질환, 암, 만성폐질환, 당뇨)를 일으키는 위험요인으로 4가기 생활습관과 관련된 요인(흡연, 음주, 나쁜 식이습관, 신체활동 부족)과 4가지 생체요인(비만과 과체중, 혈압상승, 혈당상승, 지질이상)에 대한 조사이다.

② 각국에서는 나라의 상황에 맞추어 감시체계를 수행하며 정기적인 유병조사자료를 이용하여 위험요인의 추세를 지속적으로 관찰할 수 있고, 관련 정책을 세우는 주요 근거를 마련하게 된다.

③ WHO는 그 자료를 이용하여 국가 간 비교를 할 수 있다.

02 [난이도 중]

해설

역학의 활용 및 기여 분야

(1) 질병의 원인과 위험요인을 파악한다. 감염병의 전파 방법과 질병의 원인을 파악하는 것은 질병예방 대책 수립의 기초가 된다.

(2) 지역사회의 질병 규모를 파악한다. 발생률, 유병률 및 사망률을 파악하는 것은 이를 관리하기 위한 보건의료 인력, 시설 및 재원에 대한 기획 시에 긴요한 일이다.

(3) 질병의 자연사와 예후를 파악한다.

(4) 질병을 예방하고 치료하는 등 질병관리 방법의 효과를 평가한다.

(5) 공중보건 또는 환경문제에 대한 정책을 수립하는 데 기초 자료를 제공한다.

03 [난이도 하]

해설

보건소의 기능 및 업무(「지역보건법」 제11조)

(1) 건강 친화적인 지역사회 여건의 조성

(2) 지역보건의료정책의 기획, 조사·연구 및 평가

① 지역보건의료계획 등 보건의료 및 건강증진에 관한 중장기 계획 및 실행계획의 수립·시행 및 평가에 관한 사항

② 지역사회 건강실태조사 등 보건의료 및 건강증진에 관한 조사·연구에 관한 사항

③ 보건에 관한 실험 또는 검사에 관한 사항

(3) 보건의료인 및 「보건의료기본법」 제3조 제4호에 따른 보건의료기관 등에 대한 지도·관리·육성과 국민보건 향상을 위한 지도·관리

① 의료인 및 의료기관에 대한 지도 등에 관한 사항

② 의료기사·보건의료정보관리사 및 안경사에 대한 지도 등에 관한 사항

③ 응급의료에 관한 사항

④ 「농어촌 등 보건의료를 위한 특별조치법」에 따른 공중보건의사, 보건진료 전담공무원 및 보건진료소에 대한 지도 등에 관한 사항

⑤ 약사에 관한 사항과 마약·향정신성의약품의 관리에 관한 사항

⑥ 공중위생 및 식품위생에 관한 사항

(4) 보건의료 관련기관·단체, 학교, 직장 등과의 협력체계 구축

(5) 지역주민의 건강증진 및 질병예방·관리를 위한 지역보건의료서비스의 제공

① 국민건강증진·구강건강·영양관리사업 및 보건교육

② 감염병의 예방 및 관리

③ 모성과 영유아의 건강유지·증진

④ 여성·노인·장애인 등 보건의료 취약계층의 건강유지·증진

⑤ 정신건강증진 및 생명존중에 관한 사항

⑥ 지역주민에 대한 진료, 건강검진 및 만성 질환 등의 질병관리에 관한 사항

⑦ 가정 및 사회복지시설 등을 방문하여 행하는 보건의료 및 건강관리 사업

⑧ 난임의 예방 및 관리

04 [난이도 상]

해설

산전 관리 횟수(「모자보건법 시행규칙」 제5조 별표 1)

(1) 임신 초기부터 7개월(28주)까지: 4주마다 1회

(2) 임신 8개월(29주)에서 9개월(36주)까지: 2주마다 1회

(3) 9개월(37주) 이후부터 분만 시까지: 1주마다 1회

(4) 특별자치시장·특별자치도지사 또는 시장·군수·구청장은 임산부가 「장애인복지법」에 따른 장애인인 경우, 만 35세 이상인 경우, 다태아를 임신한 경우 또는 의사가 고위험 임신으로 판단한 경우에는 건강진단 횟수를 넘어 건강진단을 실시할 수 있다.

05 [난이도 중]

해설

산업재해 지표

(1) **건수율 또는 발생률(천인율, Incidence Rate)**
  ① 근로자 1,000명당 재해 발생 건수로 산업재해 발생 상황을 총괄적으로 파악하는 데 도움을 준다.
  ② 건수율 $= \dfrac{\text{재해 건수}}{\text{평균 근로자 수}} \times 1,000$

(2) **도수율(빈도율, Frequency Rate)**
  ① 100만 연 작업 시간당 재해 발생 건수로 산업재해 발생 상황을 파악하기 위한 표준적 지표로 사용된다.
  ② 도수율 $= \dfrac{\text{재해 건수}}{\text{연 작업 시간 수}} \times 1,000,000$

(3) **강도율(Severity Rate, Intensity Rate)**
  ① 1,000 연 작업 시간당 작업손실일수로 재해에 의한 손상의 정도를 파악하는 데 도움을 주는 지표이다.
  ② 강도율 $= \dfrac{\text{근로손실일수}}{\text{연 작업 시간 수}} \times 1,000$

06 [난이도 상]

해설

(1) **스노우(John Snow)** – 1855년 런던에 유행한 콜레라의 원인을 규명하였으며, 이는 역학이 과학이라는 학문 체계를 갖추고 출발한 계기가 되었다. 콜레라 병원체를 발견하기 전에 오염된 물을 통하여 콜레라가 전파된다는 가설을 세우고, 점지도(Spot Map)를 작성하여 오염된 물이 콜레라를 전파하는 것이라는 가설을 입증하였다. 점지도는 기술역학의 변수 중 지역적 특성을 파악한 것으로 최초의 기술역학으로 볼 수 있다.

(2) **돌 & 힐(Doll & Hill)** – 1950년 흡연과 폐암의 연관성에 대한 (환자 – 대조군 연구) 결과 발표하였다. 이는 환자군과 비교대상인 대조군을 구분하여 수행한 연구로 최초의 분석역학으로 볼 수 있다.

① **파르(W. Farr)**: 1839년부터 영국 통계청에서 매년 사망 원인과 사망자 수를 정리하여 보고함으로써 국민의 보건 문제를 평가하는 데 생정통계를 이용하는 체계를 수립하였다. 파르에 의하여 공중보건 활동의 나침반이라 할 수 있는 인구동태의 등록제가 확립되었다.

  골드버거(Goldberger): 1914년 전염성 질환인 나병의 일종으로 취급되어 오던 니코틴산 결핍증후군(Pellagra)이 비타민의 일종인 니아신(Niacin) 부족에 의한 영양 결핍이라는 사실을 밝혔다.

③ **린드(J. Lind)**: 괴혈병의 원인과 치료 방법을 찾는 데 비교의 개념 처음 적용하여 과일이 괴혈병 치료와 예방에 효과가 있을 것이라고 제안하였다.

07 [난이도 하]

해설

① 피라미드형은 14세 이하(15세 미만) 인구가 65세 이상 인구의 2배 이상일 경우이다.
③ 항아리형은 14세 이하(15세 미만) 인구가 65세 이상 인구의 2배 이하가 되는 인구형이다.
④ 별형은 15세 이상 64세 이하 인구가 전체 인구의 50%를 넘는 경우이다.

08 [난이도 하]

해설

카드뮴은 0.005mg/L를 넘지 아니할 것

09 [난이도 상]

해설

지역사회의 영양 상태를 판정하기 위해서는 지역주민 개개인을 측정하는 방법과 지역주민 전체의 식생활 내용을 조사하는 방법이 있을 수 있다. 영양상태 판정은 직접적인 방법과 간접적인 방법으로 구분된다.

(1) **직접적인 방법**: 측정자의 주관적인 판단에 의하는 것과 신체 계측이나 생화학 검사 등 객관적인 방법

(2) **간접적인 방법**: 연령별 특수 사망이나 특수 질병의 이환율 및 식이 섭취 평가 등의 방법

10 [난이도 하]

해설

구분	내용	표준
교사 내 환경	실내온도	• 실내온도: 18~28℃ • 난방온도: 18~20℃ • 냉방온도: 26~28℃
	습도	비교습도 30~80%
	환기량	1인당 환기량이 시간당 21.6m³ 이상 되도록 할 것
	채광 (자연조명)	최대조도와 최소조도의 비율이 10 : 1이 넘지 아니하도록 할 것
	조도 (인공조명)	• 책상면을 기준으로 300Lux 이상 되도록 할 것 • 최대조도와 최소조도의 비율은 3 : 1이 넘지 아니하도록 할 것(300~600Lux)

11 [난이도 중]

해설

열허탈(열탈진, 열피로)은 땀을 많이 흘린 후 부적절한 염분과 수분보충으로 발한에 의한 탈수와 피부혈관 확장으로 인한 순환 부족과 저혈압이 주된 원인이다. 고온작업장에서 중노동에 종사하는 미숙련공에게 많이 발생한다.

12 [난이도 상]

해설

① 흡연집단과 비흡연집단의 발생률의 비교위험도는 20이다.

비교위험도 = (72/20,000) / (18/100,000) = 20

② 흡연집단과 비흡연집단의 발생률의 차이인 기여위험도는 20,000명당 68.4명이다.

기여위험도 = 72/20,000 − 18/100,000 = 68.4/20,000

③ 흡연집단이 모두 금연할 경우 폐암발생의 95%를 예방할 수 있다.

기여위험분율 = (20 − 1)/20 × 100 = 95%

④ 흡연집단과 비흡연집단의 발생률 비교위험도가 20이므로 흡연집단은 비흡연집단에 비해 폐암 발생위험이 20배 높다고 해석할 수 있다.

13 [난이도 상]

해설

2015년 파리 기후변화협약(제21차 유엔 기후변화협약 COP21)

(1) 세계 195개국 정부 대표들이 프랑스 파리에 모여 2015년 12월 12일 폐막한 유엔기후변화협약 당사국 총회에서 온실가스를 줄이는 데 합의한 신(新) 기후체제인 파리협정을 만장일치로 채택하였다.

(2) 극한적인 홍수와 가뭄 등 글로벌 기후변화에 대응하기 위해 교토의정서를 채택한지 18년 만에 기후 · 환경 · 경제부문을 망라해서 영향을 미치는 새로운 국제 행동규범이 마련되었다.

(3) 파리협정은 2020년 말 교토의정서가 만료되는 직후인 2021년 1월부터 적용되며 파리협정의 주요내용은 다음과 같다.

① 기후변화 대응을 위해 선진국과 개도국 모두 참여한다.

② 지구 평균 기온 상승을 산업화 이전 대비 2도보다 훨씬 낮은 수준으로 유지하고, 1.5도로 제한하기 위해 노력한다.

③ 개도국을 포함한 모든 국가가 자발적 온실가스 감축목표(NDC)를 5년 단위로 제출하고, 이행하기로 합의한다.

④ 기여방안을 의무 제출하되, 이행은 각 국이 자체 노력한다(제재조치 없음).

14 [난이도 하]

해설

"세계보건기구 감시대상 감염병"이란 세계보건기구가 국제공중보건의 비상사태에 대비하기 위하여 감시대상으로 정한 질환으로서 질병관리청장이 고시하는 감염병을 말한다.

두창, 폴리오, 신종인플루엔자, 중증급성호흡기증후군(SARS), 콜레라, 폐렴형페스트, 황열, 바이러스성출혈열, 웨스트나일열

15 [난이도 중]

해설

대상 집단의 인구 중 면역성이 높은 것은 집단면역수준이 높은 것으로 이 경우 유행이 잘 일어나지 않는다.

16 [난이도 중]

해설

암종	검진 대상	검진 주기
위암	40세 이상 남녀	2년 주기
대장암	50세 이상 남녀	1년 주기
유방암	40세 이상 남녀 중 간암 발생 고위험군 해당자	6개월 주기
자궁경부암	40세 이상 여성	2년 주기
간암	20세 이상 여성	2년 주기
폐암	54세 이상 74세 이하의 남 · 여 중 폐암 발생 고위험군	2년 주기

17 [난이도 상]

해설

① 러브커낼 사건(1940년대 매립, 1970년대 건강문제): 미국 뉴욕주 나이아가라시에서 1940년대 산업폐기물을 매립한 뒤 PCB, 다이옥신(Dioxin) 등에 의한 토양 오염으로 1970년대에 지역주민에게 건강문제가 발생한 사건이다.

② 도노라 사건(1948년): 미국 펜실바니아주 도노라 공업지구공장 대기배출물(아황산가스)가 원인물질이며 기온역전으로 인하여 지역주민에 호흡기 증상을 일으켰던 사건이다.

③ LA스모그(1942~1955년): 미국 로스앤젤레스에서 자동차 배기가스에 의한 광화학스모그 발생(침강성 기온역전)하여 호흡기 자극증상, 천식, 발작 등 일으킨 사건이다.

④ 런던스모그(1952년): 영국 런던에서 주거용 난방가스, 매연등으로 배출된 아황산가스로 인하여(복사성 기온역적) 호흡기질환 및 심장질환 일으킨 사건이다.

18 [난이도 중]

해설

단면조사연구는 질병의 유병률 조사에 적합하며 그 결과를 일반화하기 위해서는 큰 규모를 대상으로 하여야 한다.

19 [난이도 중]

해설

행위별 수가제(FFS; Fee For Service)

(1) 제공된 의료서비스의 단위당 가격에 서비스의 양을 곱한 만큼 보상하는 방식

(2) **장점**: 의료서비스의 양과 질이 확대, 의료인의 재량권 확대, 첨단 의 · 과학기술의 발달 유도

(3) **단점**: 과잉 진료, 의료 남용의 우려, 행정적으로 복잡, 의료비 상승 유도 요인이 됨

20 [난이도 상]

해설

영아사망률은 총 출생아수 1,000명당 1년 이내 사망자수로 제시된 자료에서 산출이 가능하다.

영아사망률 = 2/700×1,000 = 2.86

① 기대여명 = 연령 X세의 사람이 앞으로 생존할 것으로 기대되는 평균 생존연수

② 비례사망지수 = 50세 이상 사망자수/총사망자 수×100

④ 주산기사망률 = (임신 28주 이후 사산자 수 + 생후 1주이내 사망아 수) / 총출산아수(태아사망포함)×1,000

( )년 ○○○공무원 ○급 공개경쟁채용 필기시험 답안지

컴퓨터용 흑색싸인펜만 사용

(필적감정용 기재)
*아래 예시문을 옮겨 적으시오.

본인은 ○○○(응시자성명)임을 확인함

기 재 란

성명	
자필성명	본인 성명 기재
응시직렬	
응시지역	
시험장소	

책형	

※ 시험감독관 서명
(성명을 정자로 기재할 것)

적색 볼펜만 사용

생년월일

응시번호

문번	제 회
1	① ② ③ ④
2	① ② ③ ④
3	① ② ③ ④
4	① ② ③ ④
5	① ② ③ ④
6	① ② ③ ④
7	① ② ③ ④
8	① ② ③ ④
9	① ② ③ ④
10	① ② ③ ④
11	① ② ③ ④
12	① ② ③ ④
13	① ② ③ ④
14	① ② ③ ④
15	① ② ③ ④
16	① ② ③ ④
17	① ② ③ ④
18	① ② ③ ④
19	① ② ③ ④
20	① ② ③ ④

( )년 ○○공무원 ○급 공개경쟁채용 필기시험 답안지

컴퓨터용 흑색싸인펜만 사용

성명	
자필성명	본인 성명 기재
응시직렬	
응시지역	
시험장소	

책형

(필적감정용 기재)
*아래 예시문을 옮겨 적으시오.

본인은 ○○○(응시자성명)임을 확인함

기 재 란

응시번호

생 년 월 일

※ 시험감독관 서명
(성명을 정자로 기재할 것)

적색 볼펜 사용

문번	제			회
1	①	②	③	④
2	①	②	③	④
3	①	②	③	④
4	①	②	③	④
5	①	②	③	④
6	①	②	③	④
7	①	②	③	④
8	①	②	③	④
9	①	②	③	④
10	①	②	③	④
11	①	②	③	④
12	①	②	③	④
13	①	②	③	④
14	①	②	③	④
15	①	②	③	④
16	①	②	③	④
17	①	②	③	④
18	①	②	③	④
19	①	②	③	④
20	①	②	③	④

문번	제			회
1	①	②	③	④
2	①	②	③	④
3	①	②	③	④
4	①	②	③	④
5	①	②	③	④
6	①	②	③	④
7	①	②	③	④
8	①	②	③	④
9	①	②	③	④
10	①	②	③	④
11	①	②	③	④
12	①	②	③	④
13	①	②	③	④
14	①	②	③	④
15	①	②	③	④
16	①	②	③	④
17	①	②	③	④
18	①	②	③	④
19	①	②	③	④
20	①	②	③	④

문번	제			회
1	①	②	③	④
2	①	②	③	④
3	①	②	③	④
4	①	②	③	④
5	①	②	③	④
6	①	②	③	④
7	①	②	③	④
8	①	②	③	④
9	①	②	③	④
10	①	②	③	④
11	①	②	③	④
12	①	②	③	④
13	①	②	③	④
14	①	②	③	④
15	①	②	③	④
16	①	②	③	④
17	①	②	③	④
18	①	②	③	④
19	①	②	③	④
20	①	②	③	④

문번	제			회
1	①	②	③	④
2	①	②	③	④
3	①	②	③	④
4	①	②	③	④
5	①	②	③	④
6	①	②	③	④
7	①	②	③	④
8	①	②	③	④
9	①	②	③	④
10	①	②	③	④
11	①	②	③	④
12	①	②	③	④
13	①	②	③	④
14	①	②	③	④
15	①	②	③	④
16	①	②	③	④
17	①	②	③	④
18	①	②	③	④
19	①	②	③	④
20	①	②	③	④

문번	제			회
1	①	②	③	④
2	①	②	③	④
3	①	②	③	④
4	①	②	③	④
5	①	②	③	④
6	①	②	③	④
7	①	②	③	④
8	①	②	③	④
9	①	②	③	④
10	①	②	③	④
11	①	②	③	④
12	①	②	③	④
13	①	②	③	④
14	①	②	③	④
15	①	②	③	④
16	①	②	③	④
17	①	②	③	④
18	①	②	③	④
19	①	②	③	④
20	①	②	③	④